AF384041

ITINÉRAIRE

DES ROUTES

LES PLUS FRÉQUENTÉES

DE L'EUROPE.

Le préfent Itinéraire fe trouve

A *Lisbonne*, chez les principaux Libraires.
A *Madrid*, chez les freres BARTHELEMY.
A *Turin*, chez les freres REYCLNDS.
A *Florence*, chez MOLINI.
A *Geneve*, chez PAUL BARDE.
A *Bafle*, chez EMMANUEL TOURNEISEN.
A *Manheim*, chez FONTAINE.

A *Bruxelles*, chez { DUJARDIN.
EMMANUEL FLON.

A *Maflricht*, chez { DUFOUR.
CAVELIER.

A *Amflerdam*, chez CHANGUION & DUSAULCHOIX.

A *Strasbourg*, chez { AMAND KONIG.
TREUTTEL.
les freres GAY.

A *Lyon*, chez ROSSET.
A *Dijon*, chez MAILLY.

A *Marfcille*, chez { MOSSY.
SUBE & LAPORTE.

A *La Rochelle*, chez { CHABOCEAU.
PAVIE.

A *Bourdeaux*, chez CHATRY.
A *Nantes*, chez DESPILLY.
A *Calais*, chez DESSAIN.
A *Lille*, chez JACQUÉZ.

On trouve, à PARIS, chez THÉOPHILE BARROIS le jeune, un affortiment de Livres grecs, latins, françois, anglois, allemands, &c.

ITINÉRAIRE

DES ROUTES

LES PLUS FRÉQUENTÉES,

OU

JOURNAL

DE PLUSIEURS VOYAGES

AUX VILLES PRINCIPALES DE L'EUROPE,

Depuis 1768 jusqu'en 1783;

Où l'on a marqué en heures & minutes le temps employé à aller d'une poste à l'autre; les distances en milles anglois, mesurées par un *Odometre* appliqué à la voiture; les productions des différentes contrées; les choses remarquables à voir dans les villes & sur les routes; les auberges, &c.

On y a joint le rapport des monnoies & celui des mesures itinéraires, ainsi que le prix des chevaux de poste des différents pays.

Quatrieme édition, augmentée d'un Voyage en Espagne & en Portugal, & d'une Carte géographique.

PAR M. L. DUTENS,

De l'Académie royale des Inscriptions & Belles-Lettres de Paris, & de la Société royale de Londres.

A PARIS,

Chez THÉOPHILE BARROIS le jeune, Libraire, Quai des Augustins, près du Pont Saint-Michel.

M. DCC. LXXXIII.

OUVRAGES DE M. DUTENS,

Qui se trouvent chez les Libraires à LONDRES & à PARIS.

1. **R**ECHERCHES sur l'origine des découvertes attribuées aux Modernes. *Paris*, 1776, 2 vol. in 8, chez la veuve *Duchesne*. — Lemême en anglois, in 8.

2. Traité des pierres précieuses & des pierres fines. *Londres*, in 8; & *Paris*, in 16, chez *De Bure*; & à *Florence*, chez *Molini*.

3. Explication de quelques médailles grecques & phéniciennes, avec un alphabet phénicien, & une paleographie numismatique. *Londres*, chez *Elmsley*, 1776, in 4; & à *Paris*, chez *De Bure*.

4. G. G. Leibnitii Opera omnia, nunc primùm collecta, in classes distributa, præfationibus & indicibus exornata, studio Ludovici Dutens. *Genev.* 1768, 6 vol. in 4.

5. ΛΟΓΓΟΥ ΠΟΙΜΕΝΙΚΩΝ ΤΩΝ ΚΑΤΑ ΔΑΦΝΙΝ ΚΑΙ ΧΛΟΗΝ, ΒΙΒ. Ε. recensuit Ludovicus Dutens. *Paris*, 1776, in 12, chez *De Bure*.

6. Œuvres mêlées, contenant: l'Appel au bon sens; la Logique; Lettres sur un automate qui joue aux échecs, &c. &c.

7. Manuel d'Epictete, avec une préface. *Paris*, chez *De Bure*, 1776, in 24.

8. Itinéraire des routes les plus fréquentées de l'Europe, &c. *Paris*, chez *Théophile Barrois*.

9. De l'Eglise, du Pape, de quelques points de controverse; & des moyens de réunion entre toutes les Eglises chrétiennes. *Geneve*, chez *Chirol*, 1781, in 8.

AVIS

SUR CETTE NOUVELLE ÉDITION.

Les foins que j'avois donnés à la premiere édition de cet Ouvrage m'ont difpenfé de faire beaucoup de corrections, excepté dans quelques routes de la France, où j'ai trouvé l'arrangement des poftes changé, comme il me femble que cela arrive quelquefois. Cela prouve encore davantage la néceffité d'avoir un Itinéraire en mefures déterminées, & en heures & minutes; ce qui ne peut être fujet qu'à fort peu de variations.

Je dois prévenir le Lecteur que dans une contrefaction de cet Itinéraire faite à Liege, l'article de cette ville n'eft pas de moi; autrement on pourroit trouver étrange que, m'étant abftenu de faire les éloges des Gouvernements & des Souverains les plus confidérables de l'Europe, je me fuffe particuliérement répandu en louanges fur cet Etat, qui n'offre rien de plus digne de cette diftinction, que vingt autres dont je n'ai rien dit de remarquable.

Je regrettois fort de n'avoir pas pu joindre à mon Itinéraire une notice fur l'Efpagne; j'étois parti deux

fois de Londres pour faire ce voyage , & deux fois j'a-
vois été arrêté par des obſtacles imprévus. Heureuſe-
ment, je puis à préſent remplir ce vuide ; & je dois
cet avantage à M. DE VOGLIE, Inſpecteur - général des
Ponts & Chauſſées de France, qui a bien voulu me
communiquer les obſervations qu'il a faites dans ſon
voyage d'Eſpagne, en 1775. N'ayant pas eu d'*Odometre* pour meſurer les diſtances, M. DE VOGLIE les eſtime
par la maniere d'aller, ce qui ſuffit pour un pays où l'on
ne voyage pas en poſte avec un équipage. D'ailleurs, on
ſera bien dédommagé de cette privation par les remarques utiles & ſolides, dont cet obſervateur intelligent
accompagne le récit de ce qu'il a vu, dans un pays dont
nous avons ſi peu de bonnes relations.

PRÉCAUTION

NÉCESSAIRE

POUR CEUX QUI VOYAGENT

AVEC UN GRAND TRAIN.

L'ᴇxᴘᴇ́ʀɪᴇɴᴄᴇ que j'ai faite des inconvéniens qu'entraîne
après foi une voiture trop chargée dans un long voyage, m'engage à faire quelques remarques, qui ne feront pas inutiles.

On croit gagner en commodités, fi l'on voyage avec une
berline bien chargée par derriere & pardevant & fur l'impériale;
parce que l'on a tout avec foi, coffres, lits, hardes, &c. mais
on fe trompe. Il en réfulte une marche plus lente, une obligation indifpenfable de mettre plus de chevaux; la difficulté de
monter & de defcendre dans un pays de montagnes, la néceffité
d'enrayer plus fouvent, qui vous retarde; des refforts qui caffent, & les dangers que l'on court par l'une ou l'autre de ces
caufes. Au lieu de cela, partez avec un carroffe léger, & un fourgon à deux roues qui porte tout votre bagage; vous n'êtes alors
obligé de mettre que quatre chevaux au carroffe, & les deux
chevaux de moins menent le fourgon. Au moyen de cela, vous

allez plus vîte , plus commodément , fans inquiétude , fans dan-
ger , & votre carroffe eft d'ailleurs une voiture agréable dans
les villes, où vous ne trouvez que de miférables carroffes de
louage.

AVERTISSEMENT.

Nous avons beaucoup de livres de voyages, mais il y en a peu où l'on trouve ce dont un voyageur a le plus de besoin pour avancer commodément en sa route.

Dans les courses que j'ai faites en différentes parties de l'Europe, j'ai eu la précaution de noter quelques observations de fait, qui pourront être utiles à ceux qui auroient occasion de faire le même chemin.

Les Tables qui se trouvent au commencement de cet Itinéraire, sont nécessaires; & j'ose dire qu'elles sont les plus correctes qui aient paru dans ce genre; car je ne crois pas que l'on ait encore imprimé des Tables de rapport des mesures itinéraires & des mesures linéales de toute l'Europe, sur lesquelles on puisse compter. Toutes les mesures que l'on donne ici, sont prises sur les lieux. Les mesures itinéraires sont comparées par le moyen d'un *Odometre* appliqué à une chaise de poste angloise, avec lequel on a mesuré la partie la plus fréquentée des routes de l'Europe, en milles anglois; & les autres mesures itinéraires de l'Europe peuvent être réduites au mille anglois par la Table des rapports de ces mesures entre elles.

On a cru de plus qu'il seroit à propos de donner un autre moyen de connoître les distances, par le temps employé sur la route, ce qui est encore plus utile que toute autre maniere d'en juger; car les mêmes distances ne se parcourent pas dans un temps égal, en tout temps & en tout pays; & il est plus nécessaire, en partant le

matin, de favoir combien d'heures il faut pour arriver à tel gîte, que d'être informé de la longueur du chemin : cela fait, que l'on s'arrange en conféquence pour
partir plutôt ou plus tard, felon qu'il eft convenable. *
Ceux qui ne fuivront pas la même route que j'ai tenue,
auront égard à la différence qu'il doit y avoir pour le
temps entre monter & defcendre. Sur la route de Toulon à Nice, par exemple, j'ai mis deux heures & demie
pour aller de *Frejus* à l'*Efterel*, & une heure vingt minutes feulement de l'*Efterel* à *la Napoule*; mais il eft
clair que celui qui fera le même chemin, en venant
de Nice à Toulon, fera au contraire plus de deux heures
à aller de *la Napoule* à l'*Efterel*, (chemin que j'ai
fait en une heure & vingt minutes) & ne fera probablement pas une heure & demie à aller de l'*Efterel* à
Frejus, parce qu'il defcendra la montagne, pendant
que j'ai été deux heures & demie à la monter. Comme
j'ai eu foin de marquer la vue des différents pays,
ou les montagnes remarquables, chacun pourra tirer
fes conclufions en conféquence : au refte, on aura
toujours la longueur exacte du chemin; ce qui revien-
dra au même pour le total de la journée. Ceux qui fui-

---

* Il eft néceffaire d'obferver qu'en comptant le temps en route, on n'a pas marqué le temps de changer de chevaux aux poftes, parce que cela ne peut pas être égal pour tous les voyageurs.
Celui qui voyage avec une feule chaife, n'a befoin que de quatre ou cinq chevaux, & ne s'arrêtera que cinq minutes à la
pofte, pendant que celui qui aura un plus nombreux équipage,
s'arrêtera quinze ou vingt minutes.

ont la route que j'ai tenue, n'auront qu'à jetter les
yeux sur cet Itinéraire, pour être au fait de ce qui les
regarde.

J'ai eu aussi l'attention d'indiquer toutes les rivieres
que l'on doit passer en bateau, ayant souvent éprouvé
combien il étoit désagréable, & quelquefois dangereux,
de partir au coucher du soleil, pour faire une poste de
plus, & de trouver à l'entrée de la nuit un fleuve rapide à passer en bateau, avec des voitures & des chevaux, quelquefois au hasard de périr, sur-tout quand
on trouve les rivieres débordées, comme il m'est arrivé
quelquefois ; au lieu que si l'on est bien informé de la
nature de la route, on reste à une ou deux postes de là,
& l'on remet le passage de la riviere au lendemain.

On trouvera indiquées ici les bonnes & les mauvaises
auberges, non seulement des grandes villes, mais des
bourgs & des villages. Outre celles que j'ai marquées,
pour y avoir logé, j'ai mis en lettres majuscules ou italiques les lieux où l'on peut espérer de trouver un gîte,
quand on ne peut pas, ou que l'on ne veut pas suivre
la marche indiquée ici. Quelquefois les bonnes auberges
deviennent mauvaises après quelques années , & les
mauvaises au contraire deviennent meilleures par les
changemens d'hôtes seulement. Quand cela se trouve-
roit ainsi, il ne seroit pas juste de me l'imputer comme
un défaut d'exactitude ; & cette partie de l'Itinéraire
n'en sera cependant pas moins utile en général. Ces
changemens d'ailleurs n'arrivent que très rarement ;
parce que lorsque les maisons ont été une fois bien mon-

tées pour tenir auberge, elles se soutiennent long-temps
sur le même pied de bien recevoir, malgré le changement
d'hôtes. Il en est de même du changement des postes en
France: si l'on ne trouve pas qu'elles répondent toujours
au compte que j'en rends, il ne faut pas m'accuser pour
cela d'inexactitude. Les Maîtres de poste obtiennent souvent la permission d'augmenter d'une demi-poste, ce qui
peut occasionner la différence que l'on trouvera quelquefois ici, mais prouve d'autant mieux la nécessité d'avoir
la route dans une mesure déterminée.

J'ai donné un précis des choses remarquables à voir
dans les villes où l'on passe, & dans celles où l'on s'arrête. On ne doit regarder cette partie que comme un
Abregé, ou, si l'on veut, un Index. Mais il sera facile
aux Curieux de se pourvoir de descriptions des pays
qu'ils desireront visiter plus particulièrement, ou bien
ils les trouveront sur les lieux mêmes. Il y a peu de villes
considérables, dont on ne trouve un plan & une description plus ou moins étendue dans des ouvrages com-
posés pour cet effet, ou dans les calendriers, ou à la
marge des plans des villes. La premiere chose que l'on
doit faire en arrivant dans une grande ville, est d'envoyer chercher le *Plan*, la *Description* & le *Calendrier*.
On s'amuse de cela en attendant le souper, & le lendemain on fait déjà ce que l'on a à faire, & l'on peut dispo-
ser de sa journée, sans être obligé de se mettre entièrement
sous la direction d'un laquais de louage. On peut aussi
faire, en voyageant, une excellente collection de cartes
géographiques, en achetant dans chaque province la meil-

leure carte des environs de la capitale, & celle de la province, fur la plus grande échelle: c'eft encore un amu-
fement fur la route: on y lit dans fa chaife les noms des
rivieres & des montagnes, que les poftillons favent rarement: on y voit les fituations des lieux, &c. Cela ne
tient pas beaucoup de place au fond d'un coffre; &, au
retour de fes voyages, on fe trouve avoir une meilleure
collection de cartes des pays, qu'on ne pourroit la faire
à Paris ou à Londres.

Voilà tout ce que j'ai pu faire de mieux pour me rendre utile à cet égard: fi l'Itinéraire n'eft pas plus étendu,
c'eft que je n'ai pas voyagé davantage, & que je n'ai
voulu parler que de ce que j'avois vu.

---

*Comme il étoit effentiel de faire une Table particuliere
des Mefures & des Monnoies, & de leur donner né-
ceffairement un terme de comparaifon quelconque, on a
trouvé plus commode de les rapporter aux mefures &
à la monnoie d'Angleterre; parce qu'outre que les
Anglois feuls voyagent plus que toutes les nations
enfemble, les autres voyageurs n'en trouveront pas
moins dans ces Tables les rapports qui leur convien-
dront.*

TABLES DES RAPPORTS

DE LA DÉPENSE EN VOYAGE

EN ANGLETERRE, EN FRANCE ET EN ITALIE.

Explication du Tableau ci-contre.

On suppofe ici que chaque pofte eft d'environ 14 milles en Angleterre; 5 milles, ou deux lieues, en France; & 9 milles en Italie: que l'on fait 60 milles par jour en Angleterre, dix poftes en France, cinq poftes en Italie. Le rapport des monnoies eft ici de 10 fols & demi fterling par livre de France, de 6 fols fterl. par *paolo*, de 10 *paoli* par fequin. On paffe dans cette Table un demi-écu par jour, d'argent à dépenfer, aux officiers ou domef-tiques fans livrée, en Angleterre; 2 livres en France; 3 *paoli* en Italie: aux domeftiques de livrée, 1 fhellin 6 fous en Angle-terre; 35 fols en France, 3 *paoli* en Italie. — Pour la dépenfe dans les auberges, on compte 2 liv. 10 fhellins fterling en Angle-terre, 2 louis d'or en France, 4 fequins en Italie. Le tout eft réduit à un compte certain, par mille, par pofte, & par jour.

Les chiffres ordinaires font en monnoie d'Angleterre, les chiffres plus gros font en monnoie de France ou d'Italie, fous leurs colonnes refpectives. — Livres fterling, fhellins, fous & décimales. — Louis d'or, livres, fols. — Sequins, *paoli*, *foldi*.

PREMIERE TABLE. *Dépense en détail.*

Top headings: ANGLETERRE · FRANCE · ITALIE (SEPTENTRIONALE — MÉRIDIONALE). Sub-headings: *Par mille* (Angleterre), *Par mille anglois* and *Par poste* (France & Italie). Money columns: l. f. d. déc.

PREMIERE TABLE — Angleterre & France

Chevaux, Postillons, &c.	ANG l.	ANG f.	ANG d.	FR mille anglois l.	f.	d.	déc.	FR poste l.	f.	d.	déc.
1 Cheval de chaise.			4 ½			2	62		1 1ˡ·	1 5ᶠ·	12
1 Cheval de selle.			3			2	62		1 1ˡ·	1 5ᶠ·	12
1 Postillon.			1 ½			2	10			10 1ˡ·	50
1 Palefrenier.			0 ⁶⁄₇								
Argent à dépenser d'un Offic[ier].			0 ½			0	42			2 4ᶜ·	10
Argent à dépenser d'un Domestique en livrée.			0 ¹⁄₁₆			0	36			1 3ᶠ· ½	81

PREMIERE TABLE — Italie Septentrionale & Méridionale

Chevaux, Postillons, &c.	S. mille l.	f.	d.	déc.	S. poste l.	f.	d.	déc.	M. mille l.	f.	d.	déc.	M. poste l.	f.	d.	déc.
1 Cheval de chaise.			3	67		2 5ᴾ·	9 10ᶠ·				2	67		2 4ᴾ·		
1 Cheval de selle.			3	33		2 5ᴾ·	6				2			1 3ᴾ·	6	
1 Postillon.			2			1 3ᶠ·	6				2			1 3ᶠ·	6	
1 Palefrenier.			0	66			6 1ᶠ·				0	66			6 1ᴾ·	
Argent à dépenser d'un Offic[ier].			0	48			4 15ᶜ·	30			0	48			4 15ᶜ·	30
Argent à dépenser d'un Domestique en livrée.			0	40			3 12ᶜ·	60			0	40			3 12ᶜ·	60

SECONDE TABLE. *Dépense pour un grand train.*

SECONDE TABLE — Angleterre & France

Chevaux, &c.	ANG l.	ANG f.	ANG d.	FR mille anglois l.	f.	d.	déc.	FR poste l.	f.	d.	déc.
Carosse à 4 chev. en Angl. 6 en France & en Italie.		1	3		1	3 ¼				6 7ˡ·	6 ¼ 10ᶠ·
Chaise à 2 chev. en Angl. & en Italie, & 3 en France.			9			8				3 3ˡ·	3 ½ 15ᶠ·
3 Chevaux de selle.			9			8				3 3ˡ·	3 ½ 15ᶠ·
3 Postil. en Angl. 4 en France & en Ital. & le Palefrenier.		4	4			8	½			3 4ˡ·	6
3 Officiers & 3 Laquais, pour argent à dépenser.			2 ½			2	⅓			2 1ˡ·	⅓ 2ᶜ· ½
Auberge.			10			10				4 4ˡ·	2 ¼ 16ᶜ·
Barrières, Bacs, Casuels à 1 liv. stecl. par jour.			4			5				1 2ˡ·	8ᶠ·
TOTAL par mille & par poste.		4	6 ¼		4	9 ½ louis d'or.		1	3	10 ¼ 3ˡ·	6ᶜ· ½
TOTAL par jour.	13	11	3					11 11	18 9ˡ·	11 ¼ 5ᶜ·	

SECONDE TABLE — Italie Septentrionale & Méridionale

Chevaux, &c.	S. mille l.	f.	d.	déc.	S. poste l.	f.	d.	déc.	M. mille l.	f.	d.	déc.	M. poste l.	f.	d.	déc.
Carosse à 4 chev. en Angl. 6 en France & en Italie.	1		10 zechini.		1	16 13ˡ·	6		1		4 zechini.		1	12 4ᴾ·		
Chaise à 2 chev. en Angl. & en Italie, & 3 en France.			9	⅓		5 11ᶠ·	6				5	⅓		4 8ᶠ·		
3 Chevaux de selle.			10			7 15ᶠ·	6				6			4 9ᶠ·	6	
3 Postil. en Angl. 4 en France & en Ital. & le Palefrenier.			8	⅓		6 13ᴾ·	6				8	⅓		6 13ᶠ·	6	
3 Officiers & 3 Laquais, pour argent à dépenser.			2	⅓		1 4ᶠ·	11 ¼ 1ᶜ·				2	⅓		1 4ᴾ·	11 ¼ 1ᶜ·	
Auberge.			10	⅓		8 16ᴾ·					10	⅓		8 16ᶠ·		
Barrières, Bacs, Casuels à 1 liv. stecl. par jour.			5	⅓		4 8ᶠ·					5	⅓		4 8ᴾ·		
TOTAL par mille & par poste.	5		6 ⅓ zechini.		2	9	11 ½ 1ᶜ·		4		6 ⅓ zechini.		2	2ᴾ·	11 ¼ 1ᶜ·	
TOTAL par jour.					12 25	10	5ᶜ·						10 20	5 10ᴾ·	3 5ᶜ·	

PAYS.	PIED.	YARD ou VERGE	AUNE	TOISE	VARA	PALME	BRA-CIO	CAN-NE	RAS
Londres	12,00	36,00	45,00	72,00					
Edimbourg	12,06		37,20						
Paris	12,79		46,78	76,74					
Rhinland	12,36								
Amsterdam	11,17		26,80						
Madrid				Madrid Séville	39,16 33,12				
Turin	20,17			121,02					23,50
Genes					Soie. Drap, ou toile.	9,60 9,80		87,60	
Venise	14,00					Soie. Drap, ou toile.	25,30 27,00		
Florence						Soie. Drap, ou toile.	22,80 22,61		
Rome					Archit. March.	8,75 9,79	34,27	78,60	
Naples						10,31	82,90		
Milan						Archit. Soie. Drap.	23,60 20,70 26,20		
Bologne	15,00						24,50		
Parme							26,90		
Plaisance							26,00		

PARIS.		LONDRES.	
Pied	1	Pied	1,06583
Pouce	1	Pouce	1,06583
Ligne	1	Pouce	0,08382

LONDRES.		PARIS.			
			Pied.	Pouce.	Ligne.
Pied	1		0	11	3
Pouce	1		0	0	11 $\frac{1}{4}$
Pouce	0,1		0		1 $\frac{1}{3}$

Lᴇ pied quarré de Paris eſt au pied quarré de Londres, comme 17,040 à 15 ; enforte que 15 pieds quarrés de Paris font environ 17 pieds quarrés de Londres.

L'arpent de Paris eſt de cent perches ; la perche eſt de 18 pieds, meſure linéale, qui font 324 pieds quarrés ; leſquels, multipliés par 100, donnent 32,400 pieds quarrés (ou 36,720 pieds anglois en quarré) pour l'arpent : mais felon la meſure royale, une perche eſt de 22 pieds, meſure linéale, & par conféquent de 484 pieds en quarré ; qui, multipliés par 100, donnent 48,400 pieds de Paris en quarré, (ou 54853,36 décimales pieds anglois en quarré).

D'où il réfulte que ce dernier arpent eſt un peu plus d'un _acre_ & un quart anglois.

RAPPORT

DES MESURES ITINÉRAIRES.

ANGLETERRE.

Le mille anglois eſt de 1760 *yards* ou verges ; environ 825 toiſes de France.

La verge eſt de 3 pieds anglois.

FRANCE.

La petite lieue de France eſt de ⋅ 2090 ⎫
La moyenne lieue, ⋅ ⋅ ⋅ ⋅ ⋅ 2450 ⎬ toiſes.
La grande lieue, ⋅ ⋅ ⋅ ⋅ ⋅ 2853 ⎭

La toiſe de France eſt de 76 pouces 3 quarts anglois ; par leſquels, ſi l'on multiplie 2450 toiſes, qui font une lieue moyenne de France, on aura 15670 pieds 9 pouces anglois, ou 5223 verges 9 pouces ; d'où il réſulte que la lieue moyenne de France eſt de 57 verges 9 pouces plus longue que 3 milles anglois, qui font 5280 verges.

Trois milles anglois font 2475 toiſes, ou 25 toiſes de plus qu'une lieue moyenne de France.

M. d'Anville évalue le mille anglois à 826 toiſes de France ; mais en admettant les rapports des pieds de France & d'Angleterre, qui ſont calculés avec la plus

grande précifion dans la Table précédente, on ne peut
fe difpenfer de lui donner 8 2 5 toifes de France.

P I É M O N T.

Le mille de Piémont eft de 8oo *trabucchi.*
Le *trabucco* eft de 6 pieds de Piémont.
Le pied de Piémont eft de 2o pouces 17 centiemes
d'Angleterre.
D'où il réfultera que le mille de Piémont eft de 2688
verges & 1o pouces d'Angleterre, ou 1 mille & demi
anglois, & 4S verges & 1o pouces.
Les poftes du Piémont font d'environ 5 milles du
pays, 7 milles & demi anglois.

G E N E S.

Le mille de Genes eft à peu près le même que celui
de Piémont.

P A R M E.

A l'entrée des Etats de Parme, on commence à compter par milles d'Italie, qui font mefurés avec une chaîne,
& font précifément de 61 verges & 1 pied plus longs
que le mille d'Angleterre.

B O L O G N E E T F L O R E N C E.

La nouvelle route de Bologne à Florence a été mefulée avec un odometre, par un Bolonois; & d'après les meilleures informations, j'ai trouvé que l'on comptoit le mille de Toscane de mille pas géométriques, équivalents à cinq mille pieds de France; mais d'après une mesure très exacte que j'ai vu prendre avec un bon odometre anglois, le mille de Toscane est de 858 toises 2 pieds de France.

ROME.

Le mille romain est à peu près le même que celui dont je viens de parler; c'est toujours le mille d'Italie, &, à très peu de chose près, le même que le mille ancien des Romains. J'en ai mesuré six sur la route de Radicofani à Rome, & j'ai trouvé que le mille romain d'à présent est de 50 toises plus court que le mille d'Angleterre; environ 775 toises de France.

NAPLES.

Le mille de Naples est de 7000 palmes de Naples; la palme est de 10 pouces 31 déc. anglois; ce qui fait le mille de Naples de 1091 toises de France, ou 166 toises plus long que le mille d'Angleterre: un mille de Naples est près d'un mille & un tiers romain.

ALLEMAGNE.

Le mille d'Allemagne est 3804 toises de France, selon M. l'Abbé Chappe.

Les Allemands le font de 15 milles au degré de latitude.

Je l'ai trouvé répondre à quelque chofe de moins que 5 milles anglois.

RUSSIE.

Le *verft* de Ruffie eft de 500 *fazen* (toifes), compofée chacune de 3 aunes de Ruffie, ou 7 pieds anglois; il équivaut à peu près à deux tiers de mille anglois, ou 547 toifes de France. On compte 7 *verfts* pour 1 mille d'Allemagne.

ESPAGNE.

La lieue commune eft de 4 milles anglois; c'eft celle des environs de Madrid mefurée.

Le *migeros*, ou mille, eft de 716 toifes de France.

RAPPORT

DES MONNOIES.

QUARANTE-QUATRE guinées & demie pefent une livre d'or, dont onze parties font d'or pur, & une d'alliage.

Une guinée contient 118 grains & 651 décimales d'or pur fans alliage.

Mais un louis d'or ne contient que 113 grains 27 décimales anglois d'or pur, fans alliage.

Les grains françois font aux grains anglois, comme 121,78 décimales à 100.

Une guinée neuve fe paie 24 livres 12 fols à Paris, par ceux qui les achetent pour les fondre.

Un écu d'Angleterre contient 429 grains 68 décimales d'argent pur, fans alliage.

Un écu de France contient 409 grains 94 décimales d'argent pur fans alliage. Le titre de la monnoie d'argent de France eft de 261 grains d'argent pur, fur 27 d'alliage; & celui de la vaiffelle, de 274 de pur, fur 14 d'alliage: mais le titre de la monnoie d'Angleterre eft le même que celui de la vaiffelle.

Cette maniere de juger des rapports des monnoies feroit la plus exacte, & je fouhaiterois pouvoir la donner de même à l'égard des autres pays; mais il ne m'a pas toujours été poffible d'avoir des effais faits avec affez de précifion : cependant il ne faut pas omettre les rapports des monnoies courantes.

La livre fterling vaut environ 23 livres 7 fous de France, & quelquefois davantage, fuivant le change.

Une guinée, de poids, fe paye 24 livres 12 fols par ceux qui les achetent pour les refondre.

Un *shilling* (shellin) vaut 25 fols.

La livre tournois de France vaut 10 fols & demi fterling.

Le louis d'or ne vaut pas tout à-fait la guinée.

Les banquiers & les aubergiftes de Calais donnent volontiers des louis pour des guinées; mais ceux de Douvres ne changent point leurs guinées pour les louis, fans exiger une compenfation.

T U R I N.

La livre fterling vaut intrinféquement 20 livres de Piémont; mais il eft rare que le change ne foit pas contre Londres, & alors on n'a que 19 livres 5 fols, ou 19 livres 10 fols pour le fterling.

Le louis d'or vaut 20 livres 5 fols.

Le fequin de Florence vaut 9 livres 10 fols.

La piftole d'or de Piémont eft de 21 livres; & en argent, on a des pieces de 6, de 3 & de 1 livre 10 fols.

Le 4 Juillet 1769, le change étoit tombé à 18 livres 14 sols, ce qui n'étoit pas arrivé depuis dix ans; en sorte que pour 200 livres sterling, je ne reçus que 3740 livres de Piémont, commission payée. En Nov. 1777, le change étoit à 19 livres 7 sols, & 100 livres sterling produisirent 1935 livres : mais en Juin 1778, il étoit à 20 livres.

GENES.

La livre sterling vaut 28 livres de Genes.

Le sequin de Florence est de 13 livres 10 sols de Genes.

Le louis d'or de France vaut 29 livres 4 sols de Genes.

Une piastre, ou *dollar* d'Espagne, a cours pour 6 livres 10 sols.

Comme je ne veux faire mention que de ce que j'ai vû, j'entends parler seulement ici du cours des monnoies, dans les années 1769, 1770 & 1771, & ne réponds pas des changements qui peuvent être survenus depuis.

PARME.

La livre de Parme est de 5 *baiocchi*, ou *soldi* (sols).

Un *paolo* est un peu moins de 6 *pences* d'Angleterre, 12 sols de France.

Le sequin de Florence est de 20 *paoli* à Parme, ou 14 livres de Parme.

Le louis d'or de France a cours pour 97 livres de Parme ; en forte qu'il eft avantageux de porter des louis à Parme, pour les changer en fequins de Rome : en 1777 j'eus 110 fequins pour 50 louis.

M O D E N E.

La livre de Modene eft de *6 baiocchi* ou *foldi*.
Un *paolo* vaut 10 *baiocchi* de Rome.
Un écu romain vaut 10 *paoli*.
Un fequin de Rome vaut 19 *paoli* & demi.
Un fequin de Florence vaut 20 *paoli*.
Il eft bon de faire attention à la différence de la valeur des fequins de Rome, Florence & Venife, dans les villes où l'on doit aller, afin de fe charger de la monnoie qui a un cours plus avantageux.

B O L O G N E.

La livre de Bologne eft de deux *paoli*.
Le fequin de Rome vaut 20 *paoli* & demi.
Celui de Florence n'en vaut que 20.

F L O R E N C E.

La livre de Florence vaut un *paolo* & demi.
Le fequin de Florence vaut 20 *paoli*.
Le fequin de Rome vaut 19 *paoli* & demi.
Suivant le change courant, le 19 Octobre 1760, 100
livres

livres sterling tirées sur Londres, ont produit 201 sequins 18 *paoli* romains; & le 18 Novembre 1777,
la même somme a produit 205 sequins 15 *paoli* romains.

R O M E.

L'écu de Rome vaut 10 *paoli*; le *paolo*, 10 *baiocchi*.
Le sequin de Rome vaut 20 *paoli* & demi.
Le sequin de Florence vaut à la Bourse 20 *paoli* & 3
quarts, mais n'a cours que pour 20 *paoli* & demi.
Le sequin de Venise vaut 20 *paoli*.
L'*onza* de Naples vaut 24 *paoli*.
Il n'y a de change à Rome qu'avec Paris & Amsterdam.
Le louis d'or s'y prend pour 45 *paoli*, quelquefois
seulement pour 44. La guinée n'y a cours que pour 42
ou 43 *paoli*.
En tirant sur Londres, la livre sterling vaut environ
42 *paoli*.
Le premier Décembre 1768, une lettre de change
de 100 livres sterling a produit 840 écus romains, sans
compter la commission; mais le 16 Avril 1778, j'ai eu
$203\frac{1}{2}$ sequins romains neufs, pour 100 liv. sterling.
Les comptes se tiennent à Rome, en *scudi* (écus) &
baiocchi.

N A P L E S.

Un *carlino* est 10 *grani*, ou $4\frac{1}{2}$ pence anglois; un *gra-
no* est un peu moins d'un demi *penny*.

Une *onza* vaut 30 *carlini* de Naples, ou 25 *paoli* de Rome, 3 ducats de Naples; 7 *onze* font à peu près 4 livres fterling.

Six *carlini* de Naples valent 5 *paoli* romains; 4 $\frac{1}{2}$ *carlini* font 1 *shilling* 8 *pence* $\frac{1}{4}$; 5 *onze* valent 6 fequins.

Un ducat d'argent eft 10 *carlini*, 3 *shillings* 9 fols, ou *pence* anglois.

Un écu romain a cours pour 12 *carlini* $\frac{1}{2}$. Un fequin vaut 25 $\frac{1}{2}$ *carlini*.

Une livre fterling vaut 52 *carlini*, ou 2 fequins & 2 *carlini*.

Le change avec Londres, le 24 Février 1769, étoit d'un ducat ou 10 *carlini* pour 45 *pence* anglois.

V E N I S E.

Le fequin romain vaut 21 livres de Venife.
Celui de Florence en vaut 21 & demie.
Le fequin de Venife vaut 22 livres de Venife.
Un *filippo* eft de 11 livres : 1 demi-fequin.
Un ducat d'argent eft de 8 livres.

M I L A N.

Il y a deux manieres de compter à Milan; l'une que l'on appelle *argent de banque*, (*moneta di banco*) dont on fait ufage pour les billets & lettres de change; l'autre, que l'on nomme *cours abufif*, ce qui fe dit de l'argent que l'on emploie à faire des emplettes quelconques. Toutes les efpeces qui ont cours à Milan, valent plus ou moins, relativement à ces deux manieres de compter.

Trente livres, *argent de banque*, valent 32 livres de cours abusif.

Le sequin de Florence vaut 14 livres 10 sols, *argent de banque*, & 7 livres 10 sols, *cours abusif*.

Le sequin de Venise, la même chose

Le sequin de Rome vaut 14 livres 4 sols, *argent de banque*, & 20 livres 10 sols, *cours abusif*; quelquefois 21 livres.

La pistole d'or de Piémont vaut 45 livres de Milan, *cours abusif*.

G E N E V E.

Une pistole d'or est 10 livres de Geneve.

Une livre de Geneve est de deux pieces de 10 sols. Il n'y a point de piece de monnoie d'une livre.

L'écu de France de 6 livres, est de 3 livres 12 sols & demi de Geneve.

Une livre de France est 12 sols, argent courant de Geneve.

Un louis d'or a cours pour 14 livres 10 sols de Geneve.

Le change de Geneve avec Londres est de 52 & demi à 56 *pence* anglois pour 3 livres courant de Geneve.

S U I S S E.

On compte par livres ou *francs*. Une livre est de 10 *batz*, ou 30 sols de France.

Le ducat d'or de Berne vaut 72 *batz*, ou 10 livres 16 sols de France.

b ij

L'écu de 6 livres de France vaut 4 livres de Berne.

Sept *batz* & demi font 22 fols & demi de France. Un *batz* est 3 fols ; 20 *batz*, un écu.

A L L E M A G N E.

Tous les Princes de l'Empire qui battent monnoie, font obligés de fe conformer à la valeur & au titre des efpeces, qui font établis par la Diète, pour avoir cours dans l'Empire.

On tient les comptes en *rixdallers*, *florins* & *creutzers*. Le *rixdaller* à Vienne est d'un florin & demi, le florin est de *60 creutzers* ; le *creutzer* est de 4 *fennins* ; 3 *creutzers* font un *groat*. Cette maniere de compter est ufitée dans tous les Etats de la Maifon d'Autriche, en Boheme en Souabe, en Franconie, le long du Rhin & du Danube ; mais on compte différemment à Drefde, à Berlin, dont nous ferons des articles féparés.

Le louis d'or est la meilleure efpece de monnoie pour voyager en Allemagne ; il a cours pour 11 florins jufqu'à Augsbourg ; mais dans les Etats de la Maifon d'Autriche il n'a plus cours que pour 9 florins.

Dans les pays autrichiens, la monnoie d'or est en *fouverains* & demi-*fouverains*, de 12 florins & 40 *creutzers*, & 6 florins 20 *creutzers*. Le *ducat* de Hollande vaut 4 florins & 14 *creutzers* : les ducats de Cremnitz, ceux de Florence & de Venife valent 4 florins & 14 *creutzers* ; mais le ducat impérial, & ceux de Baviere & de Saltzbourg ne valent que 4 florins 16 *creutzers*.

Le 16 Mai 1770, pour 100 livres sterling, je reçus 833 florins, & payai en outre 2 livres sterling de commiſſion, &c.

La monnoie n'avoit pas tout-à-fait la valeur que je viens de ſpécifier ainſi pour les pays autrichiens, lorſque j'étois à Vienne ; mais l'Impératrice-Reine la hauſſa par un édit du mois de Mars 1771 , à la valeur indiquée ici.

DRESDE.

Le ducat de Saxe vaut 2 écus 20 gros, ou 4 florins 1 quart.

Le ducat de Cremnitz, les ſequins de Hollande & de Florence ont le même cours. Le florin ſe diviſe en 16 gros.

Le 20 Mars 1771 , pour 150 livres sterling, que j'ai tirées ſur Londres, j'ai reçu 300 ducats, dont j'ai payé ſix de proviſion.

BERLIN.

Les ducats de Hollande, de Saxe, &c. valent 3 écus; l'écu vaut 24 *gros* ; le florin eſt de 16 *gros* ; le *gros*, de 12 *fennins*. Le louis d'or vaut 5 écus : il y a de l'agiot pour les louis. Au commencement d'Avril 1771 , pour 100 livres sterling, j'ai reçu 200 ducats, dont j'ai payé 8 ducats pour commiſſion , &c. parceque je n'avois d'autre lettre de crédit que de Vienne, & qu'il falloit payer la proviſion du banquier de Vienne, outre celle du banquier de Londres.

B R U N S W I C K E T H A N O V R E.

Les ducats d'Autriche, de l'Empire, de Hollande, valent 2 écus 16 *gros*; l'écu, 24 *gros*; le florin, 16 *gros*.

C O L O G N E.

Un ducat cordonné de Hollande vaut 5 florins & 1 quart, ou 3 *rixdallers* $\frac{1}{2}$.

Le ducat de l'Empire vaut 3 *rixdallers* $\frac{1}{3}$.

L'écu de France vaut 1 *rixdaller* $\frac{8}{9}$.

Le carolin, ou louis d'or de France, vaut 7 *rixdallers* $\frac{5}{9}$.

Le *souverain* d'Autriche vaut 10 *rixdallers*.

Le florin est de 59 *stubers*, ou sols.

Le 26 Avril 1771, pour 100 livres sterling, j'ai eu 201 ducats de Hollande, commission payée.

H O L L A N D E.

Le ducat de Hollande vaut 5 florins 5 sols.

Le florin est de 20 sols, & vaut environ 1 *shilling* 8 d. anglois.

Il y a des pieces d'argent d'un florin, d'autres de 28 sols, de 6 & de 5 sols & demi, & des pieces d'or de 7 & de 14 florins.

Le 13 Mai 1771, pour 100 livres sterling, j'ai reçu 1070 florins, sur quoi la commission étoit payée.

BRABANT.

Le ducat de Hollande vaut 6 florins, ou 17 *escalins* & 1 sol.

Le florin vaut 20 sols.

L'*escalin*, 7 sols.

Le *plaquet*, 3 sols & demi, ou demi-escalin.

Le double *souverain* d'Autriche vaut 17 flor. 17 sols.

Le louis d'or vaut 37 *escalins* 2 sols & 4 deniers, ou 13 florins 1 sol & 4 deniers. Six louis font 13 ducats $\frac{1}{4}$.

La *couronne* vaut 9 *escalins*, ou 3 florins 3 sols.

LIEGE ET SPA.

Le louis d'or vaut 39 *escalins*.

La guinée aussi 39 *escalins*.

L'*escalin* est 10 sols de Liege, environ 6 *pence* anglois.

Deux *escalins* font un florin.

Le double *souverain* d'Autriche vaut 53 *escalins*.

La monnoie la plus avantageuse à porter, est le louis d'or, ou la guinée.

MADRID.

Trente-quatre *maravedis* valent un *réal de vellon*, ou 5 sols de France.

Soixante-huit *maravedis* valent un *real de plata*, ou 10 sols.

Piaſtre à colonnes, 5 livres de France, vaut 20 *réaux de vellon*, ou 10 de *plata*. Elle ſe diviſe en demi, quart & 8ᶜ. de piaſtre.

Pieʒetta, monnoie effective de 20 ſols de France. Demi-*pieʒetta*, 10 ſols.

Quarto, 2 liards.

Ochavo, 1 liard.

Eſcudico, monnoie d'or de 5 livres de France.

Quadruple, monnoie d'or effective, vaut 75 livres de France, ſe ſubdiviſe juſqu'à un 16ᶜ. en monnoies effectives.

Real de plata, 10 ſols de France.

Real de vellon, 5 ſols.

PRIX DES CHEVAUX
DE POSTE
DANS LES DIFFÉRENTS PAYS DE L'EUROPE.

ANGLETERRE.

Pour deux chevaux de chaise, *9 pence*, ou 9 sols sterling par mille.

Pour quatre chevaux de chaise, 15 *pence* par mille.

Pour un cheval de selle, *3 pence* par mille, excepté sur la route de Douvres à Londres, & celle de Londres à Bath, où l'on paie 1 *shelling* par mille, pour 2 chevaux de chaise, & 18 *pence* pour quatre.

On donne 18 *pence*, ou 2 *shellings* à chaque postillon, & *6 pence* au palefrenier.

FRANCE.

Chaque cheval de chaise ou de selle est payé 25 sols, & l'on trouve au commencement du livre des Postes, tous les réglements relatifs au nombre des chevaux que l'on est obligé de mettre à sa voiture. Les Maîtres de poste & postillons trouvent les chaises de poste angloises si bien roulantes, qu'ils aiment mieux les mener avec trois chevaux de front, que d'en mettre quatre à une chaife à quatre roues françoife, ou autre, comme je l'ai éprouvé avec ma chaife de pofte angloife. — *Deffain*, à Calais, vous oblige à payer quatre chevaux ; mais il eft le feul fur la route qui faffe cette difficulté. On donne 15 ou 20 fols par pofte à chaque poftillon.

ITALIE.

Il y a deux façons de courir la pofte en Italie ; l'une ordinaire, qui eft plus chere dans les Etats de la Lombardie, comme le Piémont, le Milanez & les Etats Vénitiens, que dans le refte de l'Italie ; c'eft pourquoi, dans ces États, on accorde aux voyageurs la permiffion de prendre des chevaux de pofte à un moindre prix qu'il n'eft fixé pour la pofte ordinaire, mais avec quelques reftrictions, comme de ne pouvoir obliger le poftillon à galoper fon cheval, & de ne pouvoir voyager après le foleil couché, qu'en payant le prix entier de la pofte, & c'eft ce que l'on appelle aller en *cambiatura*, que l'on obtient aifément en partant de la capitale de ces Etats: mais fi l'on en a befoin en entrant dans le pays, il eft bon d'avoir pourvu d'avance à fe procurer cette permiffion qu'on fe fait envoyer par un banquier dans les villes d'où l'on part.

PIÉMONT.

On alloit autrefois en *cambiatura* dans le Piémont; mais elle a été abolie, & le prix de la pofte a été réduit aux prix fuivants :

Pour une chaife à quatre roues attelée de trois chevaux, 6 livres.

Pour une chaife à quatre roues, attelée de quatre chevaux, 8 livres.

Pour deux chevaux de chaife, 4 livres 10 fols.

Pour un cheval de felle, 2 livres.

Un carroffe à quatre places doit être attelé de quatre chevaux, & payera 9 livres, & ainfi du refte à proportion pour fix chevaux ou plus.

On donne environ 30 fols par poftillon.

G E N E S.

Pour 2 chevaux de chaife, 9 l. de Genes }
Pour 1 cheval de felle, 3 liv. de Genes } par pofte.

É T A T S   D E   P A R M E   E T   D E   P L A I S A N C E.

Pour deux chevaux de chaife, 15 *paoli* }
Pour un cheval de felle, 5 *paoli* } par pofte.

A la premiere pofte, mais dans les poftes fuivantes, 5 *paoli* par cheval.

M O D E N E.

Dans les Etats de Modene, l'ordonnance étoit autrefois de 15 *paoli* par couple de chevaux, & l'on accordoit aifément la *cambiatura* à 10 *paoli* ; mais à préfent on ne met plus en force l'ancienne ordonnance, & l'on paie en pofte 5 *paoli* par cheval de chaife & de felle.

TOSCANE.

Pour deux chevaux de chaife, 8 *paoli*
Pour un cheval de felle, 3 *paoli* } par pofte.

ÉTATS ECCLÉSIASTIQUES.

Pour deux chevaux de chaife, 8 *paoli*
Pour un cheval de felle, 3 *paoli* } par pofte.

ÉTATS DE NAPLES.

Pour deux chevaux de chaife, 11 *carlini*
Pour un cheval de felle, 5 *carlini* $\frac{1}{2}$ } par pofte.

ÉTATS DE VENISE.

On peut toujours fe procurer le bulletin pour aller en *cambiatura*, en écrivant à Venife, de la ville d'où l'on part, pour s'y rendre; & alors on ne paie que cinq livres & demie par cheval, foit de chaife ou de felle.

MILANEZ.

Pour deux chevaux de chaife, 8 livres
12 fols & demi, ou un demi-fequin } en pofte.
Un cheval de felle, 4 livres

Il y avoit autrefois la *cambiatura*; mais on l'a fupprimée, & l'on a réduit le prix de la pofte.

GENEVE ET SUISSE.

Il n'y a point de pofte en Suiffe; on prend des chevaux de voiturier, & l'on fait un accord avec lui le plus avantageux qu'il est possible. Pour aller de Geneve à Basle avec trois couples de chevaux de chaise & un cheval de selle, j'ai donné quinze louis; huit louis jusqu'à Berne, & sept jusqu'à Basle.

SAVOIE.

Il y a poste en Savoie; mais il est rare qu'on s'en serve, la nature des chemins ne permettant pas qu'on aille plus vîte en poste qu'avec des chevaux de voiturier, excepté pour des chaises à deux roues, & légeres. On s'accorde avec des voituriers, ce qui est plus commode.

ALLEMAGNE.

Les postes sont très bien réglées pour le prix en Allemagne; on y paie 1 florin par poste pour chaque cheval, excepté dans les Etats de l'Empereur, où l'on ne paie que 3 quarts de florin.

HOLLANDE.

On va en poste jusqu'à Bréda; là, il ne se trouve plus de chevaux de poste, vous y prenez des chevaux de voiturier. J'ai donné 36 florins de Bréda à Gorcum, pour sept chevaux, & 3 florins & demi par cheval depuis Gorcum jusqu'à Utrecht : le reste à proportion. En Hollande, on voyage beaucoup par eau.

FLANDRE.

Dans les Etats de la Flandre, la poste y est réglée comme en France.

Dans les Etats de l'Empereur, on paie $\frac{3}{4}$ de florin d'Allemagne par poste, pour chaque cheval.

PASSAGE DU MONT-CÉNIS.

De Turin à Geneve, j'ai donné, en 1770, vingt-huit louis pour une chaife à l'angloife à quatre chevaux, une chaife à deux roues à deux chevaux, un cheval de felle, porteurs de chaife pour la montagne, & jufqu'à Modane; nourriture pour deux Maîtres fur la route, & le tranfport de la chaife & du bagage de l'autre côté du Mont-Cénis, fur des mulets.

En 1761, je n'avois donné que vingt louis pour le même voyage, aux mêmes conditions.

En 1777, un caroffe à 6 chevaux, une chaife à 3 chevaux, 4 chevaux de felle, nourriture de trois Maîtres, paffage de l'équipage au Mont-Cénis, &c. a coûté 70 louis.

En 1779, 150 louis pour 28 chevaux, dont 24 de trait, 4 de felle; paffage du Mont-Cénis, pour 4 carroffes, 12 chaifes à porteurs.

ESPAGNE.

Dans le cours du voyage d'Efpagne, à la fin de l'ouvrage, on trouvera le prix des mules & des caleches ou chaifes à deux mules.

TABLE

DES MATIERES ET DES ROUTES.

ROUTES.

FIN DE LA TABLE.

ITINÉRAIRE

ITINÉRAIRE

D'UNE PARTIE

DE L'EUROPE.

D'Edimbourg à Londres.	Postes.	Distance en milles anglois.	Temps en route. *	Observations locales.
			h. min.	
D'Edimbourg à Blacksheeles		15	1 40	Il y a peu de pays en Europe où l'agriculture ait fait de plus grands
à Nortoun		11	1 39	progrès, que dans cette
à Greenlaw		11	1 25	partie de l'Ecosse, de-
à Cornhill		12	1 15	puis trente ans.
à Wooller-Haugh		14	1 30	
à Rymside-Moor		15	2 20	La province de Nor-thumberland n'est pas également bien culti-vée, sur-tout vers l'oc-cident. Sa principale ri-chesse est dans les mi-nes de charbon.
à Morpeth	Queen's Head	15	2 2	
à Newcastle	Turk's Head	14	1 51	
à Durham	Red Lion	15	2 30	La province de Dur-ham est une des plus agréables & des mieux cultivées de l'Angle-terre.
à Darlington	Talbot	18	2 45	
à North-Allerton	King's Head	15	2 34	
à Borough-Bridge	Post-House	19	3 5	
à Wetherby	Swan	12	1 45	Excellents pâturages pour les chevaux dans cette province d'York.
à Ferry-Bridge	Swan	16	2	
à Duncaster	Angel	15	1 50	Pays abondant en
à Barnby-Moor *		14	2	
* De Barnby-Moor à Tuxford	Red Lion	10		
à Newark		14		

* *N. B.* On n'a pas compté dans toutes les routes le temps de changer de che-vaux aux postes, parceque cela doit être différent pour les voyageurs, selon la quantité de chevaux dont chacun a besoin.

REMARQUES.

On compte environ 55,000 ames dans EDIMBOURG. La situation en est extrêmement avantageuse, & très riante quand le temps ne s'y oppose pas. ▬ Le château se soutiendroit quelque temps contre une armée qui n'auroit pas beaucoup d'artillerie. ▬ On y a bâti une nouvelle ville très régulière & très jolie. ▬ Le palais, la douane, la vue du château, sont ce qu'il y a de plus remarquable.

A 22 milles de Rymside-Moor & 19 de Morpeth est Elsdon, & Otterbune à 3 milles de là; pays de montagnes, mais où l'on fait de grandes améliorations.

NEWCASTLE, ville très commerçante, d'environ 40,000 ames. Il n'y a point de port en Angleterre qui fournisse un plus grand nombre de matelots.

Un voyageur ne doit pas négliger d'aller de MORPETH à *Alnwick*, pour y voir le château de l'illustre famille des Percys, que le présent Duc de Northumberland a rebâti presque entièrement sur l'ancien plan, avec cette magnificence qui lui est propre. J'ai vu les plus beaux châteaux des plus grands Seigneurs en Europe, & je n'ai rien vu d'aussi magnifique & d'aussi complet qu'*Alnwick*.

A 2 milles de Wetherby est le parc de M. Thomson; à 7 milles de Wetherby, près d'Aberforth, est la terre du Chevalier Gascoine; & entre Borough-bridge & Wetherby est celle de Lord Galway.

De Barnby-Moor on peut aller à Tuxford, chez *Sellers* au *Redlion*; il y a 10 milles, & 14 de là à Newark. Tuxford est une meilleure auberge que Scarthen-Moor.

D'ÉDIMBOURG A LONDRES.	Postes.	Distance en milles anglois.	Temps en route.	OBSERVATIONS LOCALES.
			h. min.	
à Scarthen-Moor		12	1 51	bleds & en pâturages, qui nourrit beaucoup de bétail, & produit des laines d'une grande beauté.
à NEWARK	Saracen's Head	12	1 45	
à GRANTHAM	George	14	2 30	
à Coltsworth		8	1	
à STAMFORD	George	13	1 45	
à Stilton	Bell	14	2	
à Bugden	George	12	2 5	Il n'y a pas de campagne mieux cultivée & plus riante que cette partie de l'Angleterre.
à Bigglefwade	Sun	17	2 50	
à Stevenage	Swan	14	2 30	
à Hatfield	White Lion	12	2	
à Barnet		8	1 15	
à LONDRES.		11	2	
		378	55 42	

On trouve d'excellentes auberges dans toutes les villes & petites villes de cette route depuis Morphet jusqu'à Londres, & de Morphet à Édimbourg.

REMARQUES.

A Bugden, est le palais de l'Evêque de Lincoln ; on peut se promener dans les jardins.

A Hatfield, est la maison de plaisance du Comte de Salisbury.— De la cour de l'auberge vous entrez dans le parc, où sont de très beaux arbres de plus de 200 ans.

Ce n'est pas ici où l'on doit s'attendre de trouver une description d'une aussi grande ville que LONDRES ; il y a des volumes entiers qu'on se procure aisément, & qu'il faut consulter.— On y compte 8 à 9 cents mille ames, environ 150 mille plus qu'à Paris. — Londres est à Paris, en étendue, comme 39 à 29, ou 40 à 30.

De LONDRES à PARIS par LILLE.	Poftes.	Diftance en milles anglois.	Temps en route. (h. min.)	OBSERVATIONS LOCALES.
De LONDRES à Dartfort		16	2 40	
à Rochefter		14	2	J'ai fait une fois, en 1776, cette même pofte en une heure.
à Sittingbourn		10 ¼	1 30	
CANTERBURY (a)		15 ¼	2 10	Le Comté de Kent eft riche & affez agréable, mais n'offre pas une campagne auffi belle
à DOVER		16	2 45	& auffi bien cultivée
à CALAIS (b)		21	6	que les autres provinces
à Ardres	2	10 ¼	1 45	d'Angleterre.
à la Recouffe	1	5	50	
à S. OMER	2	9 ½	1 30	
à Aire	1 ½	11	1 55	
à Lillers	1 ½	8	1 10	
à Béthune	1 ½	8 ¼	1 15	Très beaux chemins.
au Waquet	2 ½	13	2	
à LILLE (c)	2	9 ¼	1 30	
à Carvin	2	11 ¼	2	
à Lens	1	7	1 5	
à ARRAS	2	9 ¼	1 45	Fertile en bleds &
à Herville	2	7 ¼	1 20	abondant en pâturages,
à Bapaume	2	10	1 30	en lin, en houblon.
à Sailli	1	6	1	
à PÉRONNE (d)	1 ½	7 ¼	1 15	
à Marché-le-Pot	1 ½	7 ½	1 20	Très beaux chemins.
à Fonches	1	7	40	

(a) King's Head.
(b) Chez Deffain.
(c) A l'Hôtel roy.
(d) A la Pofte.

REMARQUES.

Entre Londres & Dertford est le village de Greenwich, où est le superbe hôpital de la Marine : les abords de Londres offrent un coup d'œil qui cause une surprise satisfaisante à tous les étrangers.

Près de *Rochester* est *Chatham*, où se voit un beau chantier de construction de vaisseaux de guerre.

De Canterbury à Douvres, le pays est à peu près semblable au Maine ; terres labourables, prairies naturelles & artificielles.

On est moins de temps à faire le trajet de DOUVRES à CALAIS que celui de CALAIS à DOUVRES, parceque, dans le premier, la marée est toujours plus favorable. ▬ Un bon passage est de 3, 4 ou 5 heures. J'ai fait ce trajet vingt fois, & n'ai jamais été plus de 12 heures. ▬ Six heures est le plus ordinaire.

En entrant en France, je ne crois pas hors de propos de parler de la population en général. Dans les années 1770, 1771, 1772, on fit un relevé des naissances, des mariages & des morts dans tout le royaume ; l'année commune des morts est de 780,040. Sur le pied de 33 vivants pour un mort, on trouve une population de 25,741,430 ; & sur celui de 31, on a 24,181,130 habitants dans le royaume de France. Voyez l'excellent ouvrage de M. Necker sur *la légistation des Grains*, pag. 39 & note.

LILLE, ville capitale de la Flandre françoise, place forte, belle & grande ville.▬ La citadelle de Lille est regardée comme une des plus fortes de l'Europe : cependant on estime davantage celle de Turin. ▬ On admire en cette ville la porte royale, le théâtre, la bourse, les casernes, la cathédrale.

ARRAS, belle, grande & forte ville fortifiée par Vauban. ▬ Belle citadelle. ▬ La poste est près de la porte de la ville & de la promenade du rempart. ▬ L'Abbaye de Saint Waast, de l'Ordre des Bénédictins, est très riche ; maison, cloître, église, tout y est magnifique : la bibliotheque a 200 pieds de long, & contient 30,000 volumes.

A iv

De Londres à Paris par Lille.	Postes.		Distance en milles anglois.		Temps en route.		Observations locales.
					h. min.		
à *Roye* (e)	1		6			45	
à Conchy-les-Pots	1	$\frac{1}{2}$	8			56	
à Cuvilly	1		5	$\frac{1}{2}$		40	
à Gournay	1		5			35	
au Bois-de-Li-Hus	1	$\frac{1}{2}$	7		1		
à Pont-Saint-Maixence	1	$\frac{1}{2}$	8	$\frac{1}{4}$	1		
à *Chantilly*	2		12		1	45	Beau parc de Chantilly, que l'on traverse ainsi que les jardins. La 21e. borne, à compter de Notre-Dame de Paris, est près de l'Orangerie.
à Luzarches	1		6			55	
à Ecouen	1	$\frac{1}{2}$	7		1	5	
à St. Denis	1		5	$\frac{1}{2}$		45	
à Paris. (f)	1 R.		7		1		
	42		309	$\frac{1}{4}$	51	31	

(e) Au Soleil d'or.

(f) Parlement d'Angleterre, rue Coqueron. Hôtels dans la rue de Richelieu, dans la rue-neuve des Bons Enfans. Hôtel de Treville, près le Luxembourg. Hôtel d'Espagne, rue Guénégaud.

REMARQUES.

Bapaume, a une jolie promenade sur les remparts.

PÉRONNE est sur la Somme; elle a le renom de place forte, parce qu'elle n'a jamais été prise; je crois plutôt que c'est qu'elle n'a jamais été bien attaquée.

ROYE; si l'on s'y arrête, il y a une jolie promenade sur les remparts autour de la ville.

CHANTILLY, maison de plaisance de M. le Prince de Condé, est le lieu le plus agréable & le plus magnifique qu'il y ait en France: bâtiments, jardins, eaux, parc, tout y annonce la demeure d'un grand prince. Les écuries, corps-de-logis isolé, peuvent être regardées, sans exception, comme les plus belles écuries du monde. Quelque route que l'on prenne, on fera bien de passer par Chantilly, & d'y voir le château, les jardins, les écuries.

Je n'entreprendrai pas plus de décrire ici PARIS que Londres. Il faut avoir recours aux plans, aux ouvrages faits pour en tenir compte. === Un étranger fera très bien d'acquérir un ouvrage fort utile, intitulé *Voyage pittoresque de Paris & de ses environs*. === On fait monter le nombre des habitants de Paris à 650 mille. === Les plus beaux monuments d'architecture sont la colonnade du Louvre, la cour du vieux Louvre, Ste. Genevieve, le portail de St. Gervais, St. Sulpice, la porte St. Denis, & celle de St. Martin, par Blondel. En sculpture, le tombeau du Cardinal de Richelieu en Sorbonne, par Girardon, le tombeau de Lamoignon &c. &c., le tombeau de Girardon à St. Landry; les ouvrages de Bouchardon au jardin des Tuileries, les bas-reliefs de la fontaine des SS. Innocents, &c.

De Calais à Paris par Amiens.	Postes.	Distance en milles anglois.	Temps en route.	Observations locales.
			h. min.	
De Calais au Hautbuisson	1 ½	8 ¼	1 30	Depuis Calais jusqu'à Montreuil, on monte & descend presque toujours.
à Marquise	1	5 ½	55	
à *Boulogne* *	1 ½	8 ½ ¼	1 28	Chemin ferré jusqu'à Clermont.
à Samers	2	9	1 40	
à Cormont	1	5	1	
à *Montreuil* (a)	1 ½	7 ¼ ½	1 45	
à Nampont	1 ½	8 ¼ ½	1 30	
à *Bernay*	1	5 ½	1 10	
à Nouvion	1	5	45	
à Abbeville (b)	1 ½	8 ¼	1 32	La Picardie ne produit que du bled ; il y a peu de pâturages, point de vin, & si peu de bois, que la plus grande partie du peuple se chauffe avec de la tourbe.
à Ailly	1 ½	7 ½ ½	1 30	
à *Flixcourt*	1	6 ½ ¼ ¼	1 7	
à Pecquigny	1 ½	6 ½ ¼ ¼ ½	1 10	
à Amiens	1	7 ¼	1 35	
à Hebecourt	1	6	50	
à Flers	1	5 ½ ¼ ½	50	
à *Breteuil* (c)	1 ½	7 ½ ¼ ½	1 20	Chemins ferrés presque plats.
à Wavigny	1 ½	6 ½ ¼ ½	58	
à Saint Just	1	4 ½ ½	42	

*A la Poste, bonne auberge & fort propre.
(a) A la Cour de France.
(b) Bonne auberge à la poste.
(c) A l'Ange couronné.

REMARQUES.

CALAIS n'a rien de remarquable que sa citadelle, qui est très forte.

Boulogne n'a rien de remarquable.

Montreuil ; on ferme les portes à l'entrée de la nuit, mais on les ouvre pour les voyageurs en poste.

ABBEVILLE, ville peuplée & marchande, est distinguée par ses beaux draps de *Vanrobais* & ses *damas* d'Abbeville.

Depuis *Abbeville* jusqu'à *Clermont*, j'ai trouvé, en 1773, les chemins fort mauvais ; mais on les raccommodoit, & l'on m'a dit que la route est assez belle à présent.

AMIENS, grande ville & assez bien peuplée ; il y a une riche fabrique d'étoffes de laine & de poil de chevre ; on y admire la nef & le clocher de la cathédrale, bâtiment gothique, & la promenade du cours.

De CALAIS à PARIS par AMIENS.	Poftes.	Diftance en milles anglois.	Temps en route.	OBSERVATIONS LOCALES.
			h. min.	
à *Clermont* (*d*)	2	9 $\frac{1}{2}$	1 45	A Clermont, on trou
à Lingueville	1	6	1 7	ve un chemin pavé juſ
à *Chantilly*	1 $\frac{1}{4}$	8	1 20	qu'à Paris.
à Luzarches	1 $\frac{1}{2}$	6 $\frac{1}{4}$	58	
à Ecouen	1 $\frac{1}{2}$	7	1 10	
à St Denis	1	5	1	
à PARIS	1 R.	6	55	
	34	176 $\frac{3}{4}$	31 32	

(*d*) Au Cigne roy.

REMARQUES.

La route de Clermont a Paris eſt bonne & bien pavée.

On doit s'arrêter à *Chantilly* , pour en viſiter les jardins & le château. ⸺ Les écuries de Chantilly ſont les plus magnifiques qu'il y ait en Europe.

De SPA à PARIS par Chaufontaine, LIEGE & BRUX.	Postes.	Distance en milles anglois.	Temps en route.	OBSERVATIONS LOCALES.
De SPA à Forges		13	2	De Spa à Liege, bois, collines & vallons
à Chaufontaine		7 $\frac{1}{2}$	1 15	La vue de Chaufontaine, en arrivant, est des plus agréables que l'on puisse imaginer, & des plus champêtres.
à LIEGE		5	1 5	
à St. Tron	3 $\frac{1}{2}$	20	4 20	
à Tirlemont	2	9	1 40	Depuis Tirlemont jus-
à Louvain	2	11	2	qu'à Valenciennes, le
à Malines	2	13	2 40	pays est presque plat, &
à ANVERS	2	12	2 30	abondant en bleds & en
à Malines	2	13	2 30	pâturages.
à BRUXELLES	2	14	2 30	
à Hall	1 $\frac{1}{2}$	8 $\frac{1}{2}$	1 45	
à Eraine - le-Comte	2	11	2	
à Casteau	1 $\frac{1}{2}$	9	1 28	
à Mons (a)	1	6 $\frac{1}{2}$	44	Mons est situé, par-
à Carignan	1	5	40	tie sur la montagne, &
à Quiévraing	1 $\frac{1}{2}$	7 $\frac{1}{2}$	1 18	partie en plaine, dans
à VALENCIENNES	1 $\frac{1}{2}$	7	1 15	un terrein marécageux, sur la Trouille.
à Bouchain	2	10	1 37	
à CAMBRAY (b)	1 $\frac{1}{2}$	7	1 10	
à Bonavis	1	7	1 10	

(a) A la Couronne Impériale
(b) A la Poste.

REMARQUES.

On rafraîchit à Forges les chevaux fans les dételer, parcequ'ils int tout le temps de fe repofer à Chaufontaine.

Chaufontaine eft au bord d'une riviere, joliment fitué, avec es bains & des eaux thermales.

SPA eft dans l'Evêché de Liege ; c'eft un féjour fort agréable our le temps de la faifon ; on y trouve la meilleure compagnie e l'Europe. Il y a un bois très joli, avec des promenades faites ar M. Berkeley, Anglois.

LIEGE, dans une vallée très agréable fur la Meufe, mal bâtie, ouvernée par l'Evêque qui eft élu par fon Chapitre.

Pour ANVERS & BRUXELLES, voyez la route à la fin de l'Itiné-aire.

VALENCIENNES, fur l'Efcaut qui la divife en deux parties. = y a une bonne citadelle, deux manufactures, une d'étoffes de ine, & l'autre de batifte. Il s'y fait auffi un commerce de den-lles.

CAMBRAY, belle & forte ville fur l'Efcaut.

De Spa à Paris par Chaufontaine, Liege & Brux.	Postes.		Distance en milles anglois.		Temps en route.		Observations locales.
à Fins	1	$\frac{3}{4}$	7		1	10	
à PERONNE	1	$\frac{1}{4}$	9		1	34	
à Marché-le-Pot	1	$\frac{1}{2}$	7	$\frac{1}{2}$	1	18	
à Fonches	1		6			42	Pour les observations sur cette route, voyez page 6.
à Roye	1		5			49	
à Conchy-les-Pots	1	$\frac{1}{2}$	8			58	
à Cuvilly	1.		5	$\frac{1}{2}$		40	
à Gournay	1		5			36	
au Bois-de-Lihus	1		7			55	
à Pont-Saint-Maixence	1	$\frac{1}{2}$	8	$\frac{1}{4}$		59	
à Chantilly	2		11		1	35	
à Luzarches	1		6	$\frac{1}{2}$		55	
à Ecouen	1	$\frac{1}{2}$	7		1	5	
à St. Denis	1		7		1	15	
à Paris	R.		7			45	
	50		304	$\frac{1}{4}$	50	35	

REMARQUES.

Il ne fera pas mal-à-propos de faire ici quelques réflexions ré-
latives à la maniere de féjourner à Paris. Ceux qui n'y vont que
pour voir le local, n'ont befoin que d'un laquais de louage, & de
deux ou trois petits ouvrages faits pour guider les voyageurs.
Quant aux autres, qui vont à Paris pour y voir le monde &
s'inftruire, ils doivent prendre le parti de faire un féjour d'un
an au moins dans cette ville, & y arriver dans l'automne. Paris
étant divifé en plufieurs fociétés qui vivent intimement enfemble, les étrangers doivent fe munir de bonnes lettres de recommandation, non-feulement pour le miniftre de leur cour, mais
pour des perfonnes diftinguées, fur-tout pour celles qui reçoi-
vent les étrangers, & tiennent table ou maifon ouverte. En fré-
quentant trois ou quatre de ces maifons, vous voyez les François : mais ce n'eft pas encore affez pour connoître entièrement
les mœurs de la nation; il faut encore tâcher de s'introduire
dans quelques unes de ces fociétés, où, par leur maniere de vi-
vre, plufieurs familles paroiffent n'en faire qu'une, & chercher, en adoptant leurs idées & leurs ufages, à fe faire adopter
comme un de la famille. Faites enfuite un tour dans les provinces, avec quelques lettres de recommandation; paffez dans quelques unes des villes principales quinze jours ou trois femaines,
& avec un peu de difcernement, vous pourrez vous flatter de
connoître la France & les François.

De Spa à Aix-la-Chapelle.	Postes.	Distance en milles anglois.	Temps en route.	Observations locales.
			h. min.	
De Spa à Theu		5	57	Bois, vallées, & collines.
à Verviers		6	1 23	A deux milles de Verviers est le village de
à Herry-Chapelle		11	2 15	Timistar, où est un assez joli château d'un
à Aix-la-Chapelle		11	1 50	Conseiller d'Etat de
		33	6 25	Bruxelles.
De Liege à Spa par Forges.				
De Liege à Forges		14	2 50	Voy. pag. 14.
à Spa		14	2 40	

REMARQUES.

Il y a une autre route par Limbourg, qui n'est que de 24 milles; mais on ne peut y aller qu'à cheval.

Jusqu'à Herry, le chemin est beau & pavé: le reste est assez passable, excepté les quatre derniers milles vers Aix, qui sont très mauvais.

On s'arrête à Forges pour dîner & pour faire rafraîchir les chevaux.

De PARIS à LYON & AVIGNON.	Postes.	Distance en milles anglois.	Temps en route.	OBSERVATIONS LOCALES.
			h. min.	
De Paris à Villejuif	1	4	30	Des deux routes de Paris à Lyon, par le Bourbonnois, & par la Bourgogne, celle de la Bourgogne est préférable en hiver; parceque, si le chemin de terre est gâté, on a la ressource du pavé.
à Fromenteau	1 ½	6 ½	1	
à *Essonne*	1 ½	8	1 15	
à Ponthierry	1 ½	7	57	
à Chailly	1	5 ½	45	
à FONTAINEBLEAU (*a*)	1 ½	6	1 3	
à *Nemours*	2	10	2	
à Glandelle	1	4	30	La route du Bourbonnois est un chemin ferré fort doux & fort uni, & l'on va plus vîte sur cette route que sur l'autre.
à la Croisiere	1	3 ½	27	
à *Fontenay*	1	5	36	
à Puy-la-Laude	1	5 ½	37	
à *Montargis* (*b*)	1	5	38	
à la Commodité	1 ½	6 ½	45	On peut s'arrêter, pour dîner ou coucher, dans tous les endroits marqués en lettres capitales ou italiques; les meilleures auberges sont indiquées au bas de la page.
à *Nogent*	1	5	40	
aux Bezards	1	3 ½	30	
à *la Bussiére*	1	4	35	
à Belair	1	4	35	
à *Briare* (*c*)	1	5	40	
à Ousson	1	5	45	
à Neuvy	1 ½	7	1 5	Bleds, bois, prés; beaux chemins plats & ferrés.
à la Celle	1	5 ½	53	

(*a*) Au grand Cerf.

(*b*) A la Magdeleine.

(*c*) Au Chapeau rouge, bonne auberge.

REMARQUES.

FONTAINEBLEAU n'eſt remarquable que par le palais du Roi, & le ſéjour qu'il y fait pour y prendre le plaiſir de la chaſſe dans une forêt de près de 30,000 arpens. Henri III & Louis XIII y ſont nés.

BRIARE, petite ville dans le Gâtinois, ſur la Loire, remarquable par le canal de communication de la Loire à la Seine, auquel elle donne ſon nom. Il y a une jolie promenade entre le canal & la Loire.

De Paris à Lyon & Avignon.	Postes.	Distance en milles anglois.	Temps en toute	Observations locales.
			h. min.	
à *Cosne*	1	4	3	Beaux chemins sur les bords de la Loire.
à Maltaverne	1	5	45	
à Pouilly	1	5	39	
à Meuves	1	4 $\frac{1}{2}$	25	Pays de vignes, bleds, pâturages.
à La Chari-té (d)	1	4 $\frac{1}{2}$	35	
à *Pougues*	1 $\frac{1}{2}$	8	1 5	De Pougues à la Cha-rité, très jolie vue de cette derniere ville.
à Nevers (e)	1 $\frac{1}{2}$	8 $\frac{1}{2}$	1 20	
à Magny	1 $\frac{1}{2}$	7 $\frac{1}{2}$	1 16	
à *St. Pierre le Mouftier* (f)	1 $\frac{1}{2}$	7	1	A Pougues, il y a des eaux minérales qui y attirent de la compa-gnie.
à St. Imbert	1	5 $\frac{1}{2}$	59	
à Villeneuve	1	5	41	
à Moulins (g)	1 $\frac{1}{2}$	8	1 12	Pays de bleds.
à Beffay	1 $\frac{1}{2}$	8	1 27	On a ici de très beaux chemins, fur les bords de l'Allier.
à Varennes	2	10	1 22	
à St. Geran	1 $\frac{1}{2}$	7 $\frac{1}{2}$	1 12	
à *la Palice* *	1	5 $\frac{1}{2}$	58	De la Palice à Roan-ne, beaux chemins.
à Droiturier	1	5	50	
à St. Martin d'Eftreaux	1	5	55	
à la Pacaudiere	1	5 $\frac{1}{2}$	1	
à St. Germain	1 $\frac{1}{2}$	6 $\frac{1}{2}$	1 6	

(d) Au grand Monarque.
(e) Au grand Monarque.
(f) A la Pofte.
(g) Au Lion d'or.
* A la Pofte.

REMARQUES.

LA CHARITÉ, petite ville laide & mal pavée, située sur la Loire que l'on y traverse sur un fort beau pont de pierre.

NEVERS, ville assez considérable, joliment située sur le bord de la Loire qui y passe sous un beau pont ; au bout de ce pont est une grande levée qui rend l'abord de cette ville, du côté de Moulins, magnifique.

MOULINS, capitale du Bourbonnois ; il s'y fait un commerce considérable de coutellerie : elle est sur l'Allier, dans une plaine agréable & fertile, presqu'au centre de la France. La maison des Chartreux & celle de la Visitation sont fort belles. Il ne faut pas manquer, en passant par cette ville, de voir au couvent de Ste. Marie, le tombeau du fameux Duc de Montmorency qui fut décapité sous le regne de Louis XIII ; c'est un des plus beaux monuments de sculpture qu'il y ait en France.

De PARIS à LYON & AVIGNON.	Postes.	Distance en milles anglois.	Temps en route.	OBSERVATIONS LOCALES.
			h. min.	
à *Roanne* (h)	1 ½	7 ½	1 12	De Roanne à Lyon, il y a plusieurs montagnes à passer, entre autres celle de *Tarare*, qui est très longue; on est obligé d'atteler des bœufs avec les chevaux de poste.
à l'Hôpital	1	5	1	
à *St. Simpho-*rien	1	5 ½	1 15	
à la Fontaine	1 ¼	7	1 7	
à *Tarare* (i)	1 ½	7	2	
aux Arnas	1 ¼	7	1 24	
à la Tour	2	10	2 13	Quelques unes de ces montagnes sont couvertes de neige, souvent jusqu'au mois de Juin.
à LYON (k)	1 ¼	7	1 45	
à St. Fond	1	5 ½	50	
à St. Simpho-rien	1	6	1 34	
à VIENNE	1 ½	9	2 15	De Roanne à Tarare, on va pendant 20 milles toujours en montant.
à Auberive	2	10	2 5	
au Péage de Roussillon }	1	4 ½	48	Entre Vienne & Auberive, mais de l'autre côté de la riviere, est situé le côteau fameux pour le vin de *Côte rotie*.
à St. Rambert	1 ½	7	1 8	
à St. Vallier	1 ½	7 ½	1 24	
à Tain	1 ¼	8	1 35	
à *Valence*	2	11 ¼	2 18	De St. Vallier à Valence, jolie route par un vallon charmant, ayant d'un côté le Rhône, de l'autre des côteaux de vignobles.
à la Paillasse	1 ½	7	1 16	
à Loriol	1 ½	7	1 12	
à Laine	1 ½	7 ½	1 25	Tain est au pied de la montagne de l'*Hermitage* d'où vient le vin de ce nom.
à *Montelimart*	1 ½	7	1 7	De Montelimart à Donzerre, il y a beaucoup à descendre.

(h) A la Poste, bonne auberge.
(i) Au Chapeau rouge.
(k) A l'Hôtel du Comte d'Artois.

REMARQUES.

ROANNE, située dans une grande plaine : c'est ici que la Loire commence à porter bateau, sans interruption, jusqu'à son embouchure, pendant un cours de plus de 180 lieues.

LYON, grande, riche, belle & ancienne ville, contenoit en 1762, 115,836 habitans. C'est la plus considérable ville du royaume de France, après Paris, & celle dont le commerce est le plus avantageux. Il y a une Académie des Sciences & des Belles-Lettres, établie en 1700, une Académie des beaux Arts, une Bibliotheque publique ; un Chapitre dont les Chanoines portent le nom de Comtes, & doivent faire preuve de 16 quartiers de noblesse. Entre les édifices, on y remarque l'*Église primatiale*, où est une fameuse horloge ; le College de l'Oratoire, où se voit un beau vaisseau de bibliotheque & un fort joli théâtre ; la Place de *Belle Cour*, une des plus belles places de l'Europe ; l'Hôtel-de-ville, bel ouvrage en ce genre ; l'Hôtel-Dieu, dont la façade est de *Soufflot*, & la nouvelle ville qui se bâtit, & au milieu de laquelle sera une belle place. Les Quais sont encore un des plus beaux ornemens de la ville. Sa situation au confluent de la Saone & du Rhône, la rend l'une des plus commerçantes & des plus florissantes villes de la France : ce confluent a été éloigné de deux milles de l'ancien confluent, & c'est à présent la Saone qui se jette dans le Rhône. Elle tire des soies crues de Provence, du Piémont, &c. qu'elle distribue fabriquées dans toutes les parties du monde.

De Lyon à Vienne, on a une très belle vue des Alpes.

VIENNE, ancienne ville fondée par les Allobroges dont elle retient le nom, tenoit un rang considérable entre les villes principales des Gaules, du temps de Cesar. On y voit un amphithéâtre presque entier, les restes d'un arc de triomphe élevé à l'honneur d'Auguste. Dans la cathédrale, est un beau tombeau de M. de Montmorin, érigé par le Cardinal de la Tour d'Au-

De PARIS à LYON & AVIGNON.	Postes.	Distance en milles anglois.	Temps en route.	OBSERVATIONS LOCALES.
			h. min.	
à Donzerre	2	11	2	
à Pierre-latte	1	5	4½	
à la Palu	1	5	40	
à Mornas	1 ½	8	1 15	
à Orange	1 ½	7	1 8	Orange est située dans
à Courtezon	1	6	1 17	une belle plaine, arrosée
à AVIGNON	2 ½	13	2 17	de plusieurs rivieres.
	91	449 ½	76 22	Ici on voit le mont *Ventoux*, qu'on dit être la plus haute montagne en France.

REMARQUES.

rgne. Les habitants font empreffés d'indiquer aux étrangers qu'ils appellent *Prétoire de Pilate*, fa *maifon*, & la *foffe* où il précipita ; prétendant qu'après fon rappel de Jérufalem, il fut légué à Vienne.

ORANGE, *Araufica*, ville ancienne, capitale de la province ce nom, d'où les Princes d'Orange prennent leur titre. On y bit encore un cirque, un aqueduc & les reftes d'un arc de tiomphe.

De PARIS à LYON par la Bourgogne.	Postes.	Distance en milles anglois.	Temps en route.	OBSERVATIONS LOCALES.
			h. min.	
De PARIS à Villejuif	1	4	30	
à Fromenteau	1 $\frac{1}{2}$	7 $\frac{1}{2}$	1	
à *Essonne*	1 $\frac{1}{2}$	8	1 15	
à Ponthierry	1 $\frac{1}{4}$	7	57	
à Chailly	1	5	35	
à *Fontaine-bleau*	1 $\frac{1}{4}$	7 $\frac{1}{2}$	1	
à Moret (*a*)	1 $\frac{1}{2}$	7 $\frac{1}{2}$	1	
à Faussard	1 $\frac{1}{2}$	7 $\frac{1}{2}$	1 5	
à *Villeneuve-la Guiarre* (*b*)	1	5	30	
à Pont-sur-Yonne	1 $\frac{1}{2}$	7 $\frac{1}{2}$	1 10	
à SENS	1 $\frac{1}{2}$	7 $\frac{1}{2}$	1	
à Villeneuve-le Roi	1 $\frac{1}{2}$	7 $\frac{1}{2}$	1 5	
à Villevallier	1	5	40	
à Joigny	1	4 $\frac{1}{2}$	35	
à Bassou	1 $\frac{1}{4}$	7	50	
à AUXERRE	1 $\frac{1}{2}$	9	1 10	
à St. Brice	1	6 $\frac{1}{2}$	1	
à Vermanton	2	11	1 30	
à Lucy-le-Bois	2	12	1 55	
à Cussy-les-forges	1 $\frac{1}{2}$	10	1 30	

(*a*) A la Belle image, bonne auberge.

(*b*) Bonne auberge à la Poste.

REMARQUES.

Sens, ancienne & grande ville, mais mal peuplée, quoiqu'elle soit avantageusement située, pour le commerce, dans une campagne fertile en tout ce qui est nécessaire à la vie, au confluent de la Vanne & de l'Yonne. M. le Dauphin, mort en 1765, y est enterré avec la Dauphine son épouse ; on leur a élevé un tombeau de marbre qui mérite d'être vu.

Auxerre, situé d'une maniere très avantageuse pour le commerce, à cause de sa communication facile avec Paris, sur l'Yonne. Les églises y sont belles, & les vins des environs de cette ville sont fort estimés.

De PARIS à LYON par la Bourgogne.	Postes.	Distance en milles anglois.	Temps en route.	OBSERVATIONS LOCALES.
			h. min	
à Rouvray	1	5	45	
à la Maison neuve	1 ½	10	1 50	
à *Vitteaux* (c)	2	12	1 45	
à la Chaleure	1 ½	11	2	
au Pont de Panis	1 ½	8	1 30	
à la Cude	1	5	45	
à DIJON (d)	1 ½	7 ½	1	Près de la Baraque; croît le vin de Chambertin le plus estimé en Angleterre.
à la Baraque	1 ½	7 ½	1 5	
à Nuys	1 ½	6 ½	55	
à *Beaune* (e)	1 ½	9	1 15	À Nuys & à Beaune sont les crûs les plus recherchés de la Bourgogne. Terrein riche & fertile.
à Chaigny	2	9 ¼	1 16	
à CHALON sur Saone (f)	2	11	1 35	
à Senneccy	2	12	1 35	
à *Tournus* (g)	1	6	1 40	
à St. Albin	2	10	1 30	Tout ce pays présente le spectacle le plus agréable de plaines riches & fertiles.
à MACON (h)	1 ½	9	1 25	

(c) A la Poste, médiocre.

(d) Au Prince de Condé.

(e) A la Poste, il y a un beau jardin.

(f) Aux trois Faisans, ou au Cheval blanc.

(g) A l'Hôtel du Palais royal.

(h) A la Poste, bonne auberge.

REMARQUES.

DIJON, l'une des plus confidérables villes de France, capitale de la Bourgogne, avec un Parlement érigé par Louis XI, en 1477, une Univerfité, une Académie des Sciences. Elle eft dans une plaine agréable & très fertile en excellents vins, entre deux petites rivieres ; l'Ouche au fud, & celle de Suzon au nord. Près de cette ville eft une riche Chartreufe, où font les tombeaux magnifiques des anciens Ducs de Bourgogne.

Il eft bon de remarquer que par toute la Bourgogne, comme dans tous les pays de vins, les villages & les maifons de campagne font plus fréquents que dans les pays de bleds, les vignobles étant de plus grande valeur que les terres labourables, & par conféquent fe partageant entre un plus grand nombre de propriétaires ; outre que la culture de la vigne exige plus de mains que la culture des bleds.

CHALON, confidérable par fon commerce des bleds & des vins de la Bourgogne, que fa fituation fur la Saone favorife. Cette ville eft fituée dans une plaine agréable & fertile ; elle eft grande, bien bâtie, avec une affez jolie promenade ; & n'a rien de remarquable que fa fituation fur la Saone, qui la fépare du quartier de Saint-Laurent

Entre Saint-Albin & Macon l'on voit au levant le mont *Jura* & les montagnes du pays de Gex, & au fud le *Mont-d'or*, à trois lieues de Lyon.

DE PARIS à LYON par la Bourgogne.	Postes.	Distance en milles anglois.	Temps en route.	OBSERVATIONS LOCALES.
			h. min.	
à la Maison blanche	2	10 ½	1 30	
à St. Georges	1	8	1 5	
à Villefranche (*i*)	1	5 ½	50	
aux Echelles	1 ½	8	1 20	Des Echelles au Puits
au Puits d'or	1	6	1	d'or, belle vue du Lion-
à LYON (*k*)	1	6	1 3	nois, de la principauté
	60 ½	329 ¾	48 56	de Dombes & de la ville de Trevoux.

(*i*) A la Poste, bonne auberge.

(*k*) Au Palais royal, bonne auberge; à l'Hôtel d'Artois, encore meilleure, rue de l'arsenal.

Du Puits d'or à Lyon on va toujours en descendant.

REMARQUES

REMARQUES.

De *Villefranche* aux *Echelles*, de l'autre côté de la Saone, est une vue charmante de la principauté de Dombes, où l'on remarque, entre autres objets, la ville de Trévoux, agréablement située sur les bords de la riviere, que l'on voit jusqu'à ce que l'on ait passé le *Mont-d'or*.

De PARIS à TOURS.	Poſtes.	Diſtance en milles anglois.	Temps en route.	OBSERVATIONS LOCALES.
			h. min.	
De PARIS à la Croix de Berny	1 ½	4 ¼	52	
à Longjumeau	1	5 ¼	40	
à Linas / à Arpajon	1 ½	8	1 10	
à Bonne / à Etrechy	1 ½	7 ½	55	
à *Etampes* (a)	1	4 ½½	35	
à Montdeſir	1	5	45	
à Angerville	1	5	40	L'Orléanois eſt un des plus beaux pays de la France; il produit abondamment bleds, vins, beſtiaux, gibier & poiſſon. Il s'y fait, par la Loire, un commerce fort étendu dans tout le royaume.
à *Toury*	1 ½½½	8	1 10	
à Artenay	1 ½½½	8	1 7	
à Cercottes	1 ½½½	6 ¼½	57	
à ORLÉANS (b)	1	5 ¼½	45	
à St. Mêmin / à Cléry	2	9 ¼	1 15	
à Lailly	1	4 ½	32	
à St. Laurent-des-Eaux	1	5	45	
à Nouant	1	3 ¼	26	
à Saint-Diey	1	4	26	
à BLOIS	2	9	1 14	
à Chouſy	1 ½½½	6 ½	48	
à Veuves	1 ½½½	7	1 1	Pays fort agréable de côteaux très riants le long de la Loire, & de petites vallées très fertiles.
à Haut-chantier	1	3 ½	22	

(a) Aux trois Rois.

(b) Aux trois Empereurs, ou à la Poſte.

REMARQUES.

Etampes est situé sur la Juine, où l'on pêche beaucoup d'excellentes écrevisses.

Dans un second voyage que j'ai fait par cette route, j'ai eu une preuve de la justesse de mes mesures : j'ai trouvé, en 1775, que l'on avoit placé des bornes de mille toises en mille toises, depuis Paris jusqu'à Orléans ; la cinquante neuvieme est à la poste d'Orléans même, ce qui répond exactement à 71 milles anglois : mon odometre m'a donné 71 ⅓ & le quart de mille vient justement de la distance de mon logement à Paris au lieu de la premiere borne. J'ai fait la même observation pour la distance d'Orléans à Tours, qui est la même exactement, la cent dix-huitieme borne étant à la poste de Tours, & la cent dix-neuvieme au coin du Mail.

Je dirai en passant, au sujet des grands chemins de France, que la dépense, pour les construire, se monte, l'un portant l'autre, à 48,000 livres pour une lieue de 2400 toises, ce qui fait 20 livres par toise ; c'est à-dire, six fois plus qu'en Angleterre, où il est vrai qu'on ne pave point les grands chemins, & qu'on ne les fait ni aussi larges, ni aussi bien fondés qu'en France.

Orléans, grande & belle ville très commerçante. = Le Mail est très joli, il a 462 toises de long. = On y a bâti, il y a environ vingt ans, un très beau pont, qui n'a pas six pieds de pente (*).

____

(*) L'attention du Gouvernement en France, pour la construction des ponts, est plus grande que jamais : un des plus beaux se voit à Neuilly, près de Paris. Mais celui qui exigeoit le plus de soins & d'habileté, est le pont de Saumur, à 15 lieues de Tours, à cause de la largeur & de la profondeur de la Loire vis-à-vis de cette ville. Ce pont est sous la direction de M. de *Voglie*. Inspecteur général des ponts & chaussées, à qui l'on doit plusieurs utiles découvertes dans l'art de construire les ponts.

Le pont, sur le grand bras de la riviere, est composé de 2 culées, de 11

De Paris à Tours.	Postes.	Distance en milles anglois.	Temps en route.	Observations locales.
			h. min.	
à Amboise	1	4	35	D'Amboise à Chanteloup il y a deux milles & demi ; on est 15 minutes à y aller en poste.
aux Bordes à la Frilliere }	1	7 1/4	1	
à Tours (c)	1 1/2	7 1/2	1	Pays plat de bleds, de vignobles ; la route est à un mille de la Loire.
	29 1/2	140 1/2	19	
D'Orléans, (page 34) }	2	12	1 50	
à Meung *				
à Baugency (d)	1	5 1/2	45	
à Mers	1 1/2	7 1/2	1	
à Menars	1 1/2	7 1/2	1 15	
à Blois	1	5 1/2	1 5	

(c) A la Golere, très bonne auberge.

* Depuis cinq ans on a changé la route d'Orléans à Blois par Mers & Menars.

(d) Bonne auberge à côté de la Poste.

REMARQUES.

Près d'Amboife eft *Chanteloup*, château magnifique de M. le Duc de Choifeul, fur les bords de la Loire. Le poffeffeur de cette Terre y a trouvé beaucoup à faire, & s'eft occupé avec le plus grand fuccès à améliorer fa retraite & à l'embellir; il y a fait des abords fuperbes, des jardins, des prairies artificielles & une piece d'eau de près d'un demi-mille, d'où l'on voit fept allées à perte de vue, qui vont fe rendre dans la forêt d'Amboife, adoffée aux jardins. M. le Duc de Choifeul a donné en France le premier & le plus bel exemple des heureux effets de l'attention d'un grand Seigneur à fes poffeffions. Tout, autour de lui, a pris une nouvelle face, & Chanteloup eft un féjour charmant, où fe voit l'établiffement le plus complet & le plus magnifique que j'aie vu chez aucun autre grand Seigneur en Europe.

Menars eft une Terre confidérable, avec un très beau parc renfermé de murs, & fitué fur les bords de la Loire.

TOURS; on y compte environ 25,000 ames. C'eft une belle & ancienne ville, joliment fituée. Le Mail eft le plus beau cours qu'il y ait en Europe : il a près d'un mille & demi de longueur', ou 1350 toifes; & dans toute cette longueur, de très belles allées d'arbres, & une terraffe d'où l'on découvre une plaine riante & fertile, bornée par un côteau charmant. La Cathédrale eft un

---

piles & de 12 arches elliptiques, qui ont toutes 60 pieds de diametre. Il a 852 pieds de longueur, & eft de niveau fur toute fa fuperficie. Il eft placé fur un alignement qui traverfe toute la ville, fur lequel feront conftruits deux autres ponts fur les deux autres bras de la riviere, & un autre auquel on travaille actuellement, fur la riviere du Thouet, à la fortie de la ville. Ce dernier pont, dont la culée eft déjà fondée, fera compofé de 3 arches, chacune de 82 pieds d'ouverture, d'une feule portion d'arc, dont la fleche n'aura que 8 pieds & demi.

Le pont de Saumur a été bâti fans bâtardeaux ni épuifement : on a fait ufage de grands caiffons qui font noient une pile ou une culée. Il a été éta-

De Paris à Tours.	Postes.	Distance en milles anglois.	Temps en route. h. min.	Observations locales.

REMARQUES.

des plus beaux bâtiments gothiques qu'il y ait ; les tours font un ouvrage achevé : le Chapitre de Saint Martin eſt conſidérable ; le Roi en eſt Abbé. On a bâti dernièrement un pont à Tours, qui peut paſſer pour un des plus beaux de l'Europe ; il a 1335 pieds de long ſur 42 de large, eſt de niveau ſur toute ſa ſuperficie, & eſt compoſé de quinze arches elliptiques, qui ont toutes 75 pieds de diametre ; à la ſuite de ce pont, on a commencé à bâtir une rue de 400 toiſes de longueur, ſur un alignement qui traverſe toute la ville.

bli ſur des pieux qui ont été ſciés de niveau à une profondeur déterminée ſous l'eau, pour recevoir les caiſſons, dont les bords ſe détachoient avec la plus grande facilité du fond, qui reſtoit ſur les pieux, chargé de maçonnerie. La machine, qui a été inventée par M. de *Voglie* pour ce ſciage, l'a opéré avec une telle préciſion, qu'on a pluſieurs fois ſcié, à 15 & 18 pieds ſous la ſurface de la riviere, des parties de pieux de 2 à 4 lignes d'épaiſſeur, ſans qu'elles ſe ſoient briſées, & qu'après le ſciage, on les a ramenées à la ſurface de l'eau. La riviere avoit dans quelques endroits juſqu'à 20 pieds de profondeur.

J'ai cru faire plaiſir aux Curieux, de leur préſenter cette information relative aux ponts, ſur l'exactitude de laquelle on peut compter.

De TOURS à LA ROCHELLE.	Postes.		Distance en milles anglois.		Temps en route.	OBSERVATIONS LOCALES.
					h. min.	
De TOURS aux Carrès	1	½	4	½	2 5	La Touraine, arrofée par la Loire & le Cher,
à Montbazon	1		3	½	2 5	eft agréable & fertile en
à Sorigny	1		4		3 1	toutes chofes, fur-tout
à Sainte-Catherine	1		4		3 0	en fruits excellents ; ce qui lui a fait donner le
à Ste. Maure	1		4	½	4 5	titre de *Jardin de la*
à Beauvais	1		4		3 5	*France.*
aux Ormes	1		5	½	4 5	
à Ingrande	1	½	7	¼	1 5	
à CHATELLERAULT	1		4	½	3 0	Pays plat & de bois.
aux Barres de Niotré	1		4	¼	3 5	
à la Tricherie	1		3	¼	2 4	Plaines, pâturages,
à Clan	1		4	¼	2 5	fertiles en bleds ; on y
au Grand-Pont	1					nourrit beaucoup de beftiaux.
à POITIERS (a)	1		7	¼	5 5	Il y a peu de montagnes dans le Poitou, &
à Croutelles	1		4	½	4 3	quelques forêts.
à Colombieres	1	½	6		5 2	
à LUSIGNAN	1		4	½	3 5	
à Ville-Dieu	1	½	7	¼	5 5	

(a) Chez Defhoulieres, à l'Hôtel de la Bourdonnaye, très bonne auberge.

REMARQUES.

La fabrique des étoffes de foie est bien tombée ; on ne compte us que 1500 métiers, de 4000 qu'il y avoit en 1750.

La Généralité de Tours paye environ trente-huit millions tous s ans au Roi, ce qui est le revenu de son produit. Les habitants ont pour eux que le fruit de leur industrie, en quoi l'on fait trer cependant le commerce de bétail qui se fait dans cette énéralité. Je tiens cette information de la meilleure autorité.

Belle Terre de M. le Marquis de Voyer d'Argenson, aux *Ormes*.

CHATELLERAULT, Duché, dont un Pair d'Ecosse (le Duc *Hamilton*) porte le titre, a une manufacture de coutellerie fort imée. On y compte 10,500 habitants.

POITIERS, grande ville, mal bâtie, mal peuplée ; on n'y mpte que 25,000 ames. On y voit des ruines que l'on appelle *alais Gallien*, un arc de triomphe qui sert de porte, & un reste mphithéâtre. Il y a de grands jardins dans l'enceinte de cette le, & une promenade publique qui est une.des plus belles 'il y ait en aucune ville de France ; elle est à-peu-près quarrée, 280 toises dans sa plus grande longueur, & a été faite par . de *Biossac*, Intendant du Poitou.

LUSIGNAN est une petite ville joliment située sur le sommet & enchant d'une colline.

De Tours à LA ROCHELLE.	Postes.		Distance en milles anglois.		Temps en route.		OBSERVATIONS LOCALES.
					h.	min.	
à la Motte	1						
à *Saint-Mai-xent (b)*	1		9		1	18	
à Ville-Dieu	1		4	$\frac{1}{2}$		37	
à NIORT	1	$\frac{1}{2}$	8	$\frac{1}{4}$		55	Pays plat.
à Rohan-Ro-han	1		12		1	55	
à Mosay	1						
à Courson	1		12	$\frac{3}{4}$	1	45	Pays plat, peu fertile,
à Nuaillé	1						fort commerçant.
à Husseau	1		11	$\frac{1}{2}$	1	40	
à LA RO-CHELLE	1						
	30	$\frac{1}{2}$	141	$\frac{1}{2}$	19	5	

(b) A la Poste, bonne auberge, chez Cory.

REMARQUES.

Niort est une ville très commerçante, où l'on compte environ 18 à 20 mille ames.

La Rochelle, jolie ville assez bien bâtie ; port de mer commode & sûr ; place forte autrefois, mais à présent très négligée. Son principal commerce étoit avec le Canada, dont la perte se fait sentir tous les jours aux Rochellois. On y compte 16,000 ames.

On découvre d'un seul point de vue les isles d'Oléron, de Ré, l'Aix ; Brouages, & Marennes.

On voit les restes de la fameuse *Digue* dirigée par le Cardinal de Richelieu ; elle étoit de 740 toises. Lorsque la profondeur des eaux ne permit pas de pousser plus avant le mur de la digue, on fit couler à fond 50 navires, fortement attachés par des chaînes de fer, & remplis de pierres & autres matériaux, afin de combler l'espace qui restoit entre les travaux de terre.

Le tour des remparts de la Rochelle est de 3 milles anglois, ou une lieue moyenne de France de 2500 toises ; c'est-à-dire, exactement de la grandeur de Turin, Vienne & Hanovre : j'ai mesuré ces quatre villes.

Il y a un très beau tableau de *le Sueur* dans l'église des Peres de l'Oratoire.

De la Rochelle à Bourdeaux.	Postes.	Distance en milles anglois.	Temps en route.	Observations locales.
			h. min.	
De la Rochelle au Rocher	2	12	1 45	Il n'y avoit point de poste établie entre Rochefort & Bourdeaux en 1768, quand je fis cette route; il y en a une à présent.
à Rochefort	1 ½	9	1 30	
	Lieues.			
à St. Porchaire	4	13	4	
à Saintes	3	10	3	Le terroir de la Saintonge est fertile en bleds & en vins.
à Pons	4	12	3 30	
à Mirambeau	4	14	4 30	
à Blaye	5	15	5 30	
à Bourdeaux	6	18	9	
		113	32 45	

REMARQUES.

Rochefort est une jolie ville bien bâtie ; le port en est comode & l'arsenal fort beau. ▬ Il y a une fonderie de canons. ▬ Le théâtre, nouvellement bâti, est un des plus jolis du royaume ; il a trois rangs de loges. ▬ Les jardins de l'Intenance sont très agréables.

On voit à Saintes plusieurs ruines d'un pont des Romains, un c de triomphe, les restes d'un amphithéâtre, un aqueduc.

Bourdeaux, sur la Garonne, l'une des plus considérables lles du royaume : on y enleve tous les ans près de cent mille nneaux de vin & d'eau-de-vie. ▬ Les Quais en sont superbes : Garonne a 250 toises de large vis-à-vis le Château-Trompette, 400 vis-à-vis les Chartrons ; elle en a 1900 à Blaye : en sorte le dans sa largeur à Bourdeaux, elle est de moitié plus large le la Tamise à Londres, qui n'a pas 200 toises au pont de estminster.

On voit quelques ruines du palais de Gallien & d'un amphithéâ-, ainsi qu'une porte basse qu'on dit être du temps d'Auguste. s plus beaux édifices modernes sont la Place royale, où se voit statue de Louis XV, & la Bourse. De la Chambre des Consuls y a une vue magnifique du port : le port & le quai ont une ue de long, & forment une perspective en croissant, qui, vue l'autre côté de l'eau, à un endroit qu'on nomme *la Bastide*, peut être égalée par aucune autre de l'Europe en ce genre.

De BOURDEAUX à TOULOUSE.	Postes.	Distance en milles anglois.	Temps en route.	OBSERVATIONS LOCALES.
			h. min.	
De BOURDEAUX au Bouscaut	1 ½		1 15	
à la Prade	1		45	
à Castres	1		30	
à Barlade	1		40	
à Barsac	1		48	
à Langon	1		50	
à LA RÉOLE	1		1 30	Vue charmante, en sortant de la Réole.
à la Motte-Landron	1	J'ai compté cette route à 195 milles. Mon Odometre étoit dérangé, en sorte que je n'ai pas pu mesurer les distances.	1 50	Depuis la Réole jus-
à Marmande	1			qu'à Agen, on trouve une belle plaine arrosée
à Tonneins	2		1 35	par la Garonne, & bor-
à Aiguillon	1 ½		1 25	dée de deux jolis cô-
à Port-Sainte-Marie	1		45	teaux.
à Lusignan	1		45	
à AGEN	1		48	
à Croquelardy	1		1	
à la Magistere	1		48	
à Malause	1		1 7	
à MOISSAC	1 ½		1 55	
à la Pointe	2		2 10	
à MONTAUBAN	1 ½		1	De Montauban à
à la Bastide St Pierre	1 ½		2 5	Toulouse, plaine de 60 milles de long sur 13
à Grisolles	1			à 16 milles de large.
à Saint-Jorry	1 ½		1 10	

REMARQUES.

On se détourne de la grande route à Agen pour aller à Baréges.

AGEN, belle ville & riche, dans une situation fort agréable ; est la patrie de Joseph Scaliger.

Entre MOISSAC & la Pointe (avant de passer l'*Aveirou*, près illemande) se trouve la montagne appellée la *Françoise*, d'où on découvre une vue admirable & très étendue d'une plaine ertile, arrosée des rivieres de Tarn & d'Aveirou ; & lorsque le mps est serein, on voit les Pyrénées à 110 milles de là.

De BOURDEAUX à TOULOUSE.	Postes.	Distance en milles anglois.	Temps en route.	OBSERVATIONS LOCALES.
			h. min.	
à la Courtan- soule à TOULOU- SE	1 1		1 50	
	30		26 51	

REMARQUE

REMARQUES.

Toulouse est une grande & ancienne ville ; les rues en font bien percées, & il y a quelques belles maisons, entre autres l'hôtel de *Chalvet*, qui appartient au Sénéchal, & a été bâti par M. le Comte d'*Espie*, d'une maniere incombustible, avec des voûtes plates de brique & de plâtre de Paris, & des combles briquetés. On y remarque sur-tout la façade de l'hôtel-de-ville, que l'on appelle *Capitole*, d'où les Consuls prennent le nom de *Capitouls*. ═ Du pont on voit les Pyrénées, à près de 100 milles de là, & les Cevennes qui joignent les Alpes par les montagnes d'Auvergne. ═ Les Cordeliers de cette ville ont une maniere de dessécher les corps morts, au moyen de laquelle ils se conservent des siecles dans un caveau de leur maison ; j'en ai vu environ deux cents ensemble, rangés autour du mur. On compte 50 à 60 mille ames à Toulouse.

D

De TOULOUSE à MONTPELLIER.	Postes.	Distance en milles anglois.	Temps en route.	OBSERVATIONS LOCALES.
			h. min.	
De TOULOUSE à Castanet	1 ½	6 ¾	50	
à Bassiege	1 ½	9 ¼	1 5	Pays très beau & trè fertile en grains, fruit & vins exquis.
à Villefranche	1	7	1 5	
à la Bastide d'Anjou	1 ½	11 ¾	1 25	
à Castelnaudary	1	7 ½	50	
à Alzonne	2	13 ½	1 50	
àCARCASSONE	1 ½	15 ¼	2	
à Barbeyrac	2	12 ¼	1 45	
à Mons	1	9	1 4	Plaine abondante en vignes, olives, bleds, mûriers, & entourée de rochers stériles.
à Cruscades	2	10	1 30	
à Villedaigne à NARBONNE (a)	1 1	11	1 45	
à Nissan	2	14	1 55	
à BEZIERS (b)	2	7 ¼	1 50	

(a) A Notre-Dame.

(b) Au Cheval blanc.

Un Ingénieur du Languedoc m'a dit que l'on comptoit de Toulouse à Montpellier 45 lieues du Languedoc, ou 135 mille toises; ce qui fait la lieue de ce pays de 3000 toises.

REMARQUES.

CARCASSONE, ville riche & confidérable par fa manufacture de draps. De Carcaffone on va à Barbeyrac par le chemin de *Trebes*, pour voir le canal paffer fur un aqueduc qui fert de pont à la riviere d'*Orbeil*; & l'on compte une demi-pofte de plus.

De la place St. Jacques à BEZIERS & derriere l'Evêché, on a deux vues charmantes de la riviere d'*Orb* & du canal, ainfi que du vallon qu'ils arrofent. ⹀ On y voit dix éclufes l'une au-deffus de l'autre, fur un côteau couvert d'oliviers & de vignes.

Béziers & Pézénas font dans des fituations très agréables.

NARBONNE, grande & belle ville, fituée dans une plaine abondante, à deux lieues de la mer. On y voit des ruines de plufieurs édifices Romains, & le tombeau de Philippe - le - Hardi dans la cathédrale.

De Niffan à Beziers il n'y a qu'une pofte; mais on fe détourne pour aller voir une montagne percée de 120 toifes, pour donner paffage au canal du Languedoc.

De Toulouse à Montpellier.	Postes.	Distance en milles anglois.	Temps en route.	Observations locales.
			h. min.	
à la Bégude de Jordy	1 $\frac{1}{2}$	8 $\frac{1}{4}$	1 35	
à Pezenas (c)	1	6	1	*N. B.* Maintenant on
à Villemagne	1 $\frac{1}{2}$	9 $\frac{1}{2}$	1 20	va de Pezenas
à Loupian	1			à Meze . . . . 2 *post.*
à Gigean	1	13	1 42	à Gigean . . . 1 $\frac{1}{2}$
à Fabregues	1	4 $\frac{1}{4}$	36	
à Montpel-lier (d)	1 $\frac{1}{2}$	7	1 5	
	29 $\frac{1}{2}$	183 $\frac{1}{2}$	26 12	

(c) Aux trois Pigeons.
(d) Au Petit-Paris, mauvaise auberge.

REMARQUES.

Entre Loupian & Gigean, fur le bord de la mer, eft fitué Frontignan, fameux par le vin de ce nom.

MONTPELLIER eft la feconde ville du Languedoc après Touloufe, à deux lieues de la mer, fur le penchant d'une colline. On y fait venir l'eau de trois lieues de là par un très bel aqueduc , dont cinq parties font élevées par de doubles rangs d'arches. On en voit une partie près de la place du *Peyrou*, qui a mille toifes de long. La place du *Peyrou*, nouvellement bâtie, offre un des plus beaux fpectacles du monde. D'un côté, les montagnes des *Cevennes*, celles de *Ventoux*, aux confins de la Provence, là où les Alpes commencent à s'élever ; de l'autre un beau vallon , les montagnes du *Rouffillon*, les *Pyrénées* & la mer *Méditerranée*. Au milieu de la place du *Peyrou* eft la belle ftatue équeftre de bronze de Louis XIV, par *Coyfevox*.

On vante beaucoup la douceur du climat , la pureté de l'air , la bonté des vivres & l'affabilité des habitants.

De Montpellier à Marseille.	Postes.	Distance en milles anglois.	Temps en route.	Observations locales.
			h. min.	
De Montpellier à Colombiere	1 ½	8	1 23	Plaine de 30 milles, couverte d'oliviers & de vignobles.
à Lunel	1	7	58	A 5 lieues de Nifmes eft Arles, belle ville, fituée dans une plaine délicieufe & fertile, abondante en bons vins, huile, gibier, excellent bétail.
à Uchault	1 ½	8	1 25	
à Nismes (a)	1 ½	7 ½	1 10	
à St. Gervafy	1	6	1 3	
à Rémoulins	1	6	58	
à Valignieres	1 ½	7 ½	1 14	
à Connault	1 ½	7 ½	1 7	
à Bagnols	1	5 ¼	46	Belle vue de la plaine du Rhône & des Alpes entre Bagnols & le Pont Saint-Efprit.
au Pont St. Esprit (b)	1 ½	6 ½	1 5	
à Bagnols	1	6 ½	1 6	
à la Bégude St. Laurent	1 ½	9	1 50	Vignoble de St. Laurent.
à Pujeau / à Avignon	1 / 1	13	2 50	Plaine d'Avignon, très fertile & très riante, affez femblable au Piémont.
à St. Andiol	2	12	1 55	
à Orgon	1	6	50	
à Pont-Royal	2	11	1 45	

De Montpellier à Nifmes, le chemin eft mefuré de 25 milles toifes; & de Nifmes au Pont Saint-Efprit, 30 mille toifes.

(a) Au Petit Louvre.

(b) Au Louvre.

REMARQUES.

Lunel est fameux par la bonté de son vin.

Nismes est une ancienne ville & très florissante ; on y voit plusieurs monuments antiques, entre autres l'*Amphithéâtre*, qui est assez bien conservé, mais trop embarrassé de plusieurs petites maisons ; il est en ellipse de 67 toises dans son grand axe, & de 51 dans son petit axe, d'ordre toscan irrégulier, approchant du dorique. Il a 66 pieds de haut, avoit 32 rangs de sieges, dont 17 restent ; 3 rangs de *vomitoires*, qui étoient les extrémités des escaliers qui portoient des portiques : en accordant 20 pouces d'emplacement pour chaque personne, cet amphithéâtre devoit contenir 17,000 personnes.

Le *Temple* appellé *de Diane*, mais qui étoit probablement un *Panthéon*. On a trouvé ce fragment d'inscription près des ruines : *Item dedicatione Templi Isis, Serapis, Vestæ, Dianæ, Somni...* Il est d'ordre composite.

La *Tour-Magne*, supposée un ancien mausolée, ou un phare, étoit haute de dix-neuf toises, réduites à présent à treize.

La *Fontaine publique* nouvellement rebâtie ; on y a trouvé des vestiges d'anciens bains, dont les chambres ont été conservées. La frise du stylobate (ou grand piedestal au milieu du premier bassin) est très jolie, & copiée exactement d'après l'ancien, dont on voit quelques morceaux dans l'intérieur du temple de Diane. On a mis au devant de ces chambres une suite de colonnes qui soutiennent une corniche en saillie.

Mais le monument d'antiquité le plus beau & le mieux conservé, non-seulement à Nismes, mais en Europe, est celui que l'on appelle la *Maison quarrée*. C'est un temple d'ordre corinthien, d'un goût exquis, élevé vers l'an 754 de Rome, par le

D iv

De Montpellier à Marseille.	Postes.	Distance en milles anglois.	Temps en route.	Observations locales.
			h. min.	*Nota.* Les Remarques sur les villes d'Avignon , d'Aix & de Marseille font à la page 59.
à St. Cannat	2	11	1 45	
à Aix (c)	2	12	2	
au Pin	2	10	1 40	
à Marseille	2	10	1 40	
	30 ½	166 ¾	28 30	

(c) A St. Jacques.

REMARQUES.

euple de Nifmes, à l'honneur de *Caius* & de *Lucius*, fils d'*A-
grippa*. M. *Seguier* a déchiffré l'infcription par les marques des
clous qui fixoient les lettres dans la frife. La voici : C. *Cæfari
Augufti* F *Cos.* L. *Cæfari Augufti* F *Cos. Defignato, Principibus
juventutis.*

On doit voir auffi le cabinet de M. *Seguier*, auteur de la *Bi-
liotheca Botanica.*

A quatre lieues de Nifmes, en fortant de Rémoulins, entre
deux montagnes efcarpées, & fur la riviere du Gardon, eft le
fameux *Pont du Gard*, ouvrage élevé par les Romains, pour con-
duire à Nifmes les eaux des fontaines d'Eure & d'Airan ; il eft
compofé de trois rangs d'arcades à plein ceintre, & d'ordre tof-
can, & eft de 150 pieds de hauteur. Le premier pont a 83 toifes
de long ; & l'arche fous laquelle paffe la riviere, a 13 toifes
d'ouverture. Le fecond pont a 10 toifes de hauteur, & 133 de
longueur ; & le troifieme pont qui foutient l'aqueduc, a 4 toifes
de haut & 136 de long. On l'attribue à Agrippa, qui l'éleva
lorfqu'il vint en Languedoc, 19 ans avant la naiffance de Jefus-
Chrift. On fait qu'il prenoit le nom de *Curator perpetuus aquarum.*

Le pont *Saint-Efprit* a 3000 pieds de long, & eft parfaitement
bien pavé. On ignore par qui il a été bâti ; on croit qu'il fut
commencé en 1265, fini en 1309, & bâti par une fociété de perfonnes picufes, que l'on appelloit la *Confraternité des Ponts.* Il
n'eft pas droit comme le font tous les ponts, mais forme une
courbe dont le fommet eft vers le courant du Rhône ; ce qui peut
avoir été fait à deffein d'augmenter la force de réfiftance à la ra-
pidité de ce fleuve.

De Villeneuve à Avignon, précifément vis-à-vis de cette derniere ville, on paffe le Rhône en bateau : le fleuve eft d'une ra-
pidité qui exige toute l'adreffe & la force des bateliers qui con-
duifent la barque, pour ne pas aller fe brifer contre les ruines
d'un vieux pont dont les piles font à fleur d'eau.

De Montpellier à Marseille.	Postes.	Distance en milles anglois.	Temps en route. h. min.	Observations locales.

REMARQUES.

AVIGNON eſt une aſſez belle ville ; elle appartient au Pape qui y tient un Légat. On y voit aux Cordeliers le tombeau de la fameuſe *Laure*, amante de *Pétrarque*, & celui du *brave Crillon*. La fontaine de *Vaucluſe* coule au milieu d'Avignon, ſous le nom de riviere de *Sorgue*. En 1762, il y avoit 23,864 habitans.

AIX, belle ville, capitale de la Provence, près de la petite riviere d'Arc ; ſiege du Parlement de Provence. Au milieu de cette ville eſt un très beau cours, orné de belles fontaines & de belles maiſons. L'hôtel-de-ville & l'égliſe des Prêtres de l'Oratoire eſt ce qu'il y a de plus remarquable. On y comptoit 23,000 ames en 1762.

MARSEILLE a 100 mille ames ; depuis 1762 juſqu'à 1772, la population y a augmenté de 10,000 ames : c'eſt une colonie des Phocéens, bâtie plus de 600 ans avant Jeſus-Chriſt. On y admire l'arſenal, la ſalle d'armes, le cours, ou la grande rue, longue de 700 toiſes, tirée au cordeau, avec des allées d'arbres au milieu. Le port eſt un des plus commerçants de la France. On fait voir à l'Abbaye de Saint-Victor la grotte où l'on dit qu'a demeuré Sainte Magdeleine. La ſalle du ſpectacle eſt aſſez belle. La façade de l'hôtel-de-ville eſt du fameux *Puget*.

De Marseille à Nice.	Postes.		Distance en milles anglois.		Temps en route.		Observations locales.
					h.	min.	
De Marseille (a) à Aubagne	2		13		2	15	Depuis Marseille jufqu'à Toulon, eft un pays de montagnes & de vallées couvertes de vignes & d'oliviers.
à *Cuges* (b)	1	$\frac{1}{2}$	8	$\frac{1}{2}$	1	20	
au Bauſſet	2		11		2		
à TOULON	2		14		2		A Olioules on voit les orangers & les grenadiers en plain champ.
à Cuers	2		13		3	15	
à Pignan	1	$\frac{1}{2}$	10		1	47	
au Luc	1	$\frac{1}{2}$	9		1	23	De Toulon à Fréjus, pays de vallées, de collines, & quelquefois de plaines couvertes de vignes & d'oliviers.
Vidauban au Muy	1 / 1	$\frac{1}{2}$	16		2	40	
à FRÉJUS	2		13		1	45	Du Muy à Fréjus, plaine.
à l'Eſterel	2		10		2	30	
à la Napoule	1	$\frac{1}{2}$	8		1	20	De Fréjus à l'Eſterel, on monte une montagne aſſez efcarpée, que l'on defcend en allant à la Napoule.
à ANTIBES	2	$\frac{1}{2}$	15		2	35	
à NICE (c)	3		12		4		D'Antibes à Nice, grande plaine près de la mer, où l'on trouve des hayes de grenadiers, de myrtes & d'aloës.
	26		152	$\frac{1}{2}$	28	50	

(a) Aux Treize Cantons.

(b) Bonne auberge à la Poſte.

(c) A la Poſte, bonne auberge.

REMARQUES.

Toulon, place forte, port sûr, des plus grands & des plus célebres de l'Europe, couvert au nord par des montagnes élevées. hôtel-de-ville a un balcon soutenu par deux termes de *Puget*, ui sont parfaitement sculptés. Près de l'hôtel-de-ville est la mai- on de *Puget*, d'une architecture médiocre. Place d'armes ; arse- al où est la corderie, bâtiment voûté, d'une longueur éton- ante ; salle d'armes ; chantier de construction. En 1762, il y voit 36,000 habitants ; mais la population de cette ville doit voir diminué depuis la paix.

A Antibes, on a une très jolie vue (du bastion du couchant) la ville, de la mer, des ouvrages avancés du port : jardins mplis d'orangers, &c.

Entre Antibes & Nice on passe le *Var* à gué ; il étoit si ra- de le jour que nous le passâmes, qu'il fut nécessaire d'avoir uze hommes à pied pour soutenir la chaise contre le courant u fleuve, de crainte qu'elle ne fût renversée.

Nice est renommé pour la beauté de son climat & la pureté l'air qu'on y respire : on n'y sent point les rigueurs de l'hiver, la terre y offre un printemps presque continuel.

Route de traverse de CALAIS à DIJON.	Postes.	Distance en milles anglois.	Temps en route. h. min.	OBSERVATIONS LOCALES.
De *Calais* à Ardres	2	10	1 25	
à la Recousse	1	4 ¼	40	
à ST. OMER	2	9 ¼	1 47	Pays plat, bleds &
à Aire	2	11	1 45	pâturages jusqu'à Cam
à Lillers	1 ½	8 ¼	1 11	bray.
à *Bethune*	1 ½	8	1 15	
à Souchet	2	11 ¼	2 6	Très beaux chemins
à ARRAS (*a*)	1 ½	7 ¼	1 15	ferrés & quelquefois
à Marquion	3	15 ½	2 30	pavés jusqu'à Saint-
à CAMBRAY (*b*)	1 ½	7 ½	1 10	Quentin.
à Bon-avis	1 ½	7 ¼	1 3	
à Belicourt,	1 ½	9	1 25	
à Saint-Quentin (*c*)	1 ½	8 ¾	1 13	
à Cerify	1 ½	7	1 10	De la Fere à Laon
à la Fere	1 ½	8	1 12	chemins sablonneux
à LAON (*d*)	2 ½	12 ½	3 15	difficiles ; on les rac-
à Corbeny	2 ½	13	2 35	commodoit en 1777.
à Bery-au-bac	1	5	55	De Corbeny à Bery
à RHEIMS (*e*)	2	11 ½	1 40	chemin sablonneux.
aux Petites-Loges	2 ½	13 ½	1 53	Beaux chemins ferrés de Rheims à Châlon & Joinville. Jusques ici l'on ne trouve pas de vignes.

(*a*) A l'Ecu d'Attois.
(*b*) A la Poste.
(*c*) A l'Hôtel de Corbeil.
(*d*) A la Poste.
(*e*) Au Moulin, ou à la Poste.

REMARQUES.

Cette route est assez belle, à quelques endroits près que j'ai
ndiqués. Elle est beaucoup plus courte que la route de Paris, &
st commode pour ceux qui veulent éviter la capitale.

Pour ARRAS, voyez page 7.

CAMBRAY, belle, grande & forte ville des Pays-Bas, située
ur l'Escaut, qui la traverse. Son commerce consiste principale-
nent en grains, en moutons, en laines très fines & très estimées,
c en toiles que l'on envoie en France, en Espagne & aux Indes.

LAON est joliment situé sur le sommet d'une colline, & s'ap-
erçoit à 7 ou 8 milles de distance de chaque côté.

RHEIMS, belle & grande ville, a environ deux milles & demi
le longueur. La cathédrale est d'une architecture gothique, plus
antée qu'elle ne mérite de l'être; les ornements de la façade sont
esants & confus : on ne peut pas la comparer, pour le goût &
a légéreté aux églises d'Anvers, d'York, de Rouen ou de Tours.

Route de traverse de CALAIS à DIJON.	Postes.	Distance en milles anglois.	Temps en route.	OBSERVATIONS LOCALES.
			h. min.	
à CHALON sur *Marne* (*f*)	2 $\frac{1}{2}$	14	2 40	
à la Chauffée	2	11	1 40	A Vitry, l'on commence à voir des vignes.
à *Vitry-le-françois*	2	11 $\frac{1}{2}$	1 38	
à la Gravière	1 $\frac{1}{2}$	8	1 8	
à *St. Dizier*	1 $\frac{1}{2}$	9 $\frac{1}{2}$	1 9	
à la Neuville,	2	10	1 17	
à *Joinville* (*g*)	2	9 $\frac{1}{2}$	1 25	A quatre milles avant d'arriver à Vignori, est une colline fort haute à monter & à descendre; la poste est à la derniere descente.
à Vignori	2 $\frac{1}{2}$	14	2 55	
à Chaumont	2	13	2 35	
à Vefaigne	2	10 $\frac{1}{2}$	2 5	
à LANGRES (*h*)	2	10	2 5	
à Longeau	1 $\frac{1}{2}$	7 $\frac{1}{2}$	54	Le chemin de Vefaigne à Langres est plat jusqu'au bas de la montagne où la ville se trouve située.
à Succy	1	4 $\frac{1}{2}$	40	
à Thil-le-château	3	14	2 45	
à Norge-le-Pont	1 $\frac{1}{2}$	9	1 50	
à DIJON	1	6 $\frac{1}{2}$	1	On arrive à Dijon, presque toujours en descendant.
	66	351	59 11	

(*f*) A la Pomme d'or.

(*g*) Au Louvre, mauvaisgîte.

(*h*) Au Duc de Bourgogne, bonne auberge.

REMARQUES.

Depuis Bery-au-Bac jufqu'à Vitry, la Champagne eft un pays couvert de terres labourables, fertile & bien cultivé. On y trouve quelques bois & peu de pâturages.

A Vitry, la vue du pays devient plus refferrée ; les collines, couvertes de vignes s'élevent. De la Neuville à Joinville, on fuit les bords de la Marne, qui coule lentement entre deux collines ornées de vignes & de bois.

Joinville eft une petite ville joliment fituée au pied d'une colline, fur les bords de la Marne. Au fommet de cette colline eft un château qui appartient à M. le Duc d'Orléans.

Pour Dijon, voyez page 30.

E*

De DIJON à GENEVE.	Poftes.	Diftance en milles anglois.	Temps en route.	OBSERVATIONS LOCALES.
			h. min.	
De DIJON à Genlis	2		1 40	
à Auxone	1 ½		1 15	En fortant d'Auxone, on entre en Franche-Comté.
à Dole (a)	2		1 40	
à Mont-fur-Vaudrey	2		1 40	
à Poligny	2		1 50	Montée rapide en quittant Poligny ; en venant de Champagnol, la defcente eft très difficile.
à Champagnol	2 ½		1 20	
à la Maifon-neuve	1 ½		1 30	
à St. Laurent	1 ½		1 15	
à Morey (b)	1		3	Les Rouffes, village au fommet du mont Jura.
aux Rouffes	1		1 30	
à Nyon	2		3	
à GENEVE (c)	2		2	
	21		21 40	

(a) A la Pofte.
(b) A la Pofte.
(c) Aux Balances, bonne auberge.

REMARQUES.

La route de Dijon à Geneve n'eſt pas praticable pendant quatre ou cinq mois de l'année, à cauſe des neiges qui couvrent le
mont *Jura*, de Morey juſques près de Nyon.

A Poligny, on quitte la plaine, & l'on monte par un chemin
rapide vers un pays très élevé. On trouve, à moitié chemin
de Champagnol, de jolis points de vue de bois & de montagnes.

De Morey à Nyon, on paſſe le mont *Jura* par une très belle
route. Au commencement de Juin 1783, les poſtes n'étoient pas
encore bien réglées depuis la *Maiſon-neuve* juſqu'aux *Rouſſes*,
& la route n'étoit pas bien fréquentée, quoiqu'elle ſoit plus
courte de dix poſtes, & aſſez belle.

De NICE à GENES, par le Col-de-Tende.	Poftes.	Diftance en milles angiois	Temps en route	OBSERVATIONS LOCALES.
			h. min.	
De NICE à Scarena	2	13	3 30	Scarena eft une montagne très haute & très efcarpée, que l'on monte au fortir de Nice.
à Sofpello	2	13	3 30	
à *la Chiandola*	2	16	4	
à TENDE	2	14	3 50	De la Chiandola à Tende, on fuit le cours d'un torrent.
à *Borgo-Limon*	2 ½	18	5	
à CONI (*a*)	2 ½	19	4 45	
à Centale	1	7 ½	1 3	De Borgo-Limon à Coni, on voit le mont Vifo, à 40 milles ; & la Roche-Melon, & le Mont-Cenis à 70 milles.
à Savigliano	1 ½	12	2	
à Racconigi	1	7 ½	1 8	
à Poerino	2	15	2 15	
à S. Michele	1	7 ½	58	
à Cabaglione	1	7 ½	1 10	
à ASTI (*b*)	1	7 ½	1	Belle plaine, couverte de mûriers blancs, de bleds, de vignes chanvres, riz, beaux pâturages.
à Annone	1	7 ½	1 8	
à Felizano	1	7 ½	55	
à ALESSANDRIA *	1	7 ½	1 37	
à NOVI (*c*)	2	15	2	Entre Novi & Voltaggio, eft le château de Gavi, fituée fur le bas d'un rocher, au milieu d'une plaine.

(*a*) A la Pofte.
(*b*) A la *Rofa roffa*.
 * Aux trois Rois, très bonne auberge.
(*c*) A la Pofte.

De *Turin* à *Poirino*	2	15		
D'*Aleffandria* à *Tortona*	2	15		

REMARQUES.

De Nice à Borgo-Limon, on va sur des mules, à 12 livres de Piémont par mule; ou en chaise à porteur, à 3 livres par jour par porteur. On en prend six ou huit, & on paie leur retour. Il faut envoyer sa chaise par mer à Genes, & en prendre une de la poste à Coni.

La Chiandola est dans une situation très pittoresque. A une lieue de là est le bourg de *Saorgio*, si singuliérement situé sur le haut d'une montagne, qu'il paroît suspendu en l'air.

TENDE est la capitale d'un Comté qui donne le nom de *Col-de-Tende* à ce passage des Alpes: on est trois heures à monter & deux à descendre.

Le passage du Col-de-Tende est plus incommode que celui du Mont-Cenis. On n'y peut point faire passer sa voiture; il faut l'envoyer de Nice à Genes par mer.

De Racconigi à Poverino, on voit la magnifique église de *la Superga* & Chieri près de Turin.

A Poverino, on trouve la grande route de Turin à Genes.

Pour la description de Turin, voyez ci-après.

A ALEXANDRIE, on admire la citadelle qui est très forte, & le palais du Gouverneur. Elle est sur le Tanaro, que l'on passe sur un pont de pierre.

Novi est la premiere ville des Etats de Genes sur cette route.

Le passage de la *Bocchetta* est une route très agréablement variée de jolis côteaux & vallons, & le chemin en est fort bien entretenu.

De Nice à Gênes par le Col-de-Tende.	Postes.	Distance en milles anglois.	Temps en route.	Observations locales.
			h. min.	De Voltaggio à Campo-Marone, est le passage de la *Bocchetta*. Du sommet de la Bocchetta on a une vue très avantageuse de Gênes & du vallon dans lequel coule le torrent de la *Polcevera*, qui rendoit le chemin impraticable quand il avoit plu deux jours de suite ; mais depuis quelques années, on a fait un beau chemin le long de la colline.
à Voltaggio	2	15	2 10	
à Campo-Marone (d)	2	15	2 40	
à GENOA (e)	1 $\frac{1}{2}$	11	1 45	
	32	236	46 24	

(d) A la Poste.
(e) A Ste. Marthe.

REMARQUES.

GENES, ville riche & superbe. Les églises, les palais des Nobles, tout y est de la plus grande magnificence. Les rues *Neuve*
& *Balbi* (strada Nuova, strada Balbi) sont appellées avec raison
des magasins de palais. La cathédrale est d'ordre gothique, couverte de marbre noir & blanc. Les façades de plusieurs palais,
entre autres des palais *Doria*, *Balbi*, *Durazzo*, *Brignolé*, sont
de marbre. Les églises les plus remarquables sont l'Annonciade,
San-Siro, ou les Théatins, Saint Philippe, les Jésuites, Saint
Ambroise & l'Eglise de Carignan. On admire dans l'*Albergo* un
beau relief de *Michel Ange*, d'une Vierge soutenant un Christ
mort, & l'*Assomption* de la Vierge, en marbre blanc, par *Puget*,
chef-d'œuvre de sculpture.

De Gênes à Bologne.	Postes.	Distance en milles anglois.	Temps en route.	Observations locales.
			h. min.	
De Gênes à Campo-Marone	1 ¾	11	1 45	
à Voltaggio	2	15	2 40	
à Novi	2	15	2 15	
à Tortona	2	14	1 45	
à Voghera (a)	1 ½	9 ½	1 35	
à Broni (b)	2 ¼	14	2 30	
à Castel-S. Giovanni	1	9 ¼	1 10	
à Piacenza	2	13 ½	2 20	
à Fiorenzola (c)	2	14	2 10	
à Borgo S. Donino	1	8 ¼	1 10	
à Castel-Guelfo	1	7 ¼	1 5	
à Parma (d)	1	7 ¼	1 50	
à Sant'Ilario	1	6 ½	58	
à Reggio (e)	1	10	1 30	
à Rubiera	1	8 ½	1 50	

Observations locales :

A un mille en deçà de Tortone, on passe la *Scrivia* en bateau : la chaise passe à gué ; & à environ 6 milles de Tortone, & 4 milles avant d'arriver à Voghera, on passe à gué le *Coiron*, à moins qu'il ne soit débordé.

A 5 milles de Castel-S. Giovanni, on passe le *Tidone* à gué.

A 2 milles en deçà de Plaisance, on passe la *Trebia* en bateau.

De Plaisance à Parme, beaux chemins plats. On passe le *Taro* à gué en été (& en bateau, quand les eaux sont crûes) à 5 milles avant Parme.

En sortant de Rubiera, on passe la *Secchia* en bateau.

(a) Au Maure, bonne auberge.

(b) A la Poste, bonne auberge.

(c) Bonne auberge.

(d) A la Poste, bonne auberge, ou au Faon.

(e) A la Poste, bonne auberge.

REMARQUES.

Près de GENES, à Cornegliano, M. *Durazzo* a bâti une maison magnifique qui lui a coûté près d'un million avant que d'avoir commencé à la meubler. Il y a de très-beaux tableaux dans les palais *Balbi* & *Durazzo*.

A 7 milles de Broni, est un ruisseau qui sépare les Etats du Roi de Sardaigne de ceux de Parme.

PARME, belle ville & bien peuplée. La cathédrale est magnifique; le palais des Ducs de Parme est grand & bien bâti (*). Le grand théâtre est le plus vaste qu'il y ait en Europe; il a 300 pieds de long, & est disposé de façon que d'un bout on peut entendre le son le plus bas de l'autre, & si l'on éleve la voix, il n'y a ni écho ni confusion. == La galerie du théâtre contient de beaux tableaux Les plus beaux morceaux du *Corrége* sont ici; sur tout le tableau qu'on voit à l'Académie, où l'Enfant Jésus est représenté avec la Vierge, Saint Jérôme, Sainte Marie-Magdeleine & un Ange. Il faut voir aussi les tableaux de ce peintre à *San-Sepolcro*, à la *Madonna della Scala*, au *Duomo*; & à l'Académie, la Patente de Trajan aux Vellejens, sur une table de bronze.

---

* Depuis la publication de cet Itinéraire, on a abattu la plus grande & la plus belle partie de ce palais.

De GENES à BOLOGNE.	Postes.	Distance en milles anglois.	Temps en route.	OBSERVATIONS LOCALES.
			h. min.	
à MODENA (*f*)	1	8	2 10	Entre Modene & la
à la Samoggia	1 ½	12 ½	2 10	Samoggia, à 4 milles
à BOLOGNA (*g*)	1 ½	10 ¾	2	de Modene, on passe le
				Panaro en bateau
26 ¼	195 ¼	32 33		Beaux chemins sur

les Etats du Pape.

(*f*) A l'Auberge Ducale, magnifique auberge.

(*g*) Aux Pellerins, & à la *Locanda Reale*, toutes deux très bonnes auberges.

REMARQUES.

Modene, jolie ville bien bâtie; on y va par-tout sous des portiques. ▬ Le palais du Duc est magnifique; il a quatre rangs d'architecture, dorique, ionique, corinthien & composé.

Bologne, grande ville, riche, bien peuplée. On y compte 50 à 60,000 ames; elle a 5 milles de tour: les édifices publics y sont magnifiques, tant par l'architecture que par les ornements; & après Rome, c'est la ville d'Italie où il y a le plus de beaux tableaux. Elle a été, de tout temps, célèbre pour les Sciences; elle a une Université fameuse, une Académie renommée. Son commerce est considérable. On y voit entre autres choses la méridienne de S. Pétrone, tracée par *Dominique Cassini.* * Le *Museum* ou l'*Instituto*, est rempli de toutes sortes de curiosités de la nature & de l'art. ▬ Les plus beaux monuments d'architecture à Bologne, sont le palais *Caprara,* dont les appartements sont très beaux; la façade & l'escalier du palais *Fantucci,* la fontaine de marbre de la place *del Gigante,* par *Jean de Bologne.* Il y a aussi plusieurs beaux morceaux de sculpture de *Jean de Bologne,* entre autres le Neptune de la Fontaine *del Gigante,* & un beau crucifix d'ivoire chez le Comte *Zampieri.* Les plus beaux tableaux sont dans la galerie du même Comte *Zampieri.* On y voit les travaux d'Hercule, par *Carraci,* & plusieurs autres tableaux des trois freres de ce nom; une danse par *l'Albane;* Saint Paul faisant des remontrances à Saint Pierre, chef-d'œuvre du *Guide;* Abraham qui chasse Agar, & plusieurs autres de *Guercino,* & des grands Maîtres d'Italie. ▬ Sainte Cécile, par *Raphaël,* à S. *Giovanni in Monte.* ▬ Le martyre de Ste. Agnès, dans l'église de ce nom, par *Dominichino.* Il y a de très beaux tableaux du *Guide,* dans la magnifique

---

* En 1776, on a corrigé l'erreur qu'avoit causée dans cette Méridienne l'affaissement du mur qui transmet par un trou les rayons du soleil; & à l'Est de l'église est une inscription relative à cette correction.

De Genes à Bologne.	Postes.	Distance en milles anglois.	Temps en route. h. min.	Observations locales.

REMARQUES.

église de *San Salvator* ; & dans l'église des *Mendicanti*, est le beau tableau de Job sur le trône, par le même. On a une très belle vue de Bologne, de l'église de *San-Michele in Bosco*, où l'on trouve deux beaux tableaux, l'un de *Guercino*, le B. Bernard *Tolomei* qui reçoit la regle de son Ordre de la Sainte Vierge ; & l'autre, une copie de la Magdeleine du *Guide*, par *Canuti*. Il y a dans cette église de jolis portiques peints par *Carlo Cignani* ; les cloîtres ont été peints par *Lodovico Carraci*.

Il y a à Bologne deux tours remarquables: l'*Asinella* & la *Garisenda* ; la premiere, par sa hauteur prodigieuse, & sa structure svelte & déliée ; la seconde, qui n'a que 140 pieds, parcequ'elle est penchante, & surplombe de 8 à 9 pieds. J'ai monté au haut de l'*Asinella*, dont l'escalier de bois ne vaut guere mieux qu'une échelle, & a environ 300 marches.

En sortant de Bologne par la porte de *Saragossa*, sur le chemin de Lorette, on voit un portique de 3 milles de long, qui conduit à la *Santa Madonna della Guardia*, où se voit une Vierge qu'on dit peinte par St. Luc.

De TURIN à TORTONE.	Postes.		Distance en milles anglois.		Temps en route.		OBSERVATIONS LOCALES.
					h.	min.	
De TURIN à Settimo	1		7	$\frac{1}{4}$	1	15	Lorfque les pluies font fréquentes , les chemins de Turin à Afti font impraticables; & alors il vaut mieux prendre le chemin d'Alexandrie , par Cafal, quoiqu'il y ait quatre ou cinq rivieres à pafter.
à Chivafco	1		7		1	10	
à Crefcentino	1	$\frac{1}{2}$	10	$\frac{1}{4}$	2		
à Trino	1	$\frac{1}{2}$	10	$\frac{1}{4}$	1	50	
à CASALE (a)	1	$\frac{1}{2}$	9	$\frac{1}{4}$	2	30	
à ALESSANDRIA (b)	2	$\frac{1}{2}$	20		4	30	
à Tortona	2		14	$\frac{3}{4}$	3	30	
	11		80	$\frac{1}{4}$	16	45	

(a) Aux trois Rois.
(b) Aux trois Rois.

En fortant de Turin, on paffe la *Doria* fur un pont de pierre, & la *Stura* fur un pont fixe de bateaux. A 5 milles de Settimo, on paffe le *Molone* fur un pont de bateaux fixe, à moins qu'il ne foit débordé; à un mille plus loin, l'*Acqua d'Oro*, en bateau; & à 8 milles de Chivas , on paffe la *Doria Baltea* fur un pont - volant. Avant d'arriver à Cafal, on a encore le *Pô* à paffer fur un pont-volant, & le *Tanaro* fur un pont de pierre, près d'Alexandrie. A un mille & au delà d'Alexandrie,

REMARQUES.

De TURIN à TORTONE.	Postes.	Distance en milles anglois.	Temps en route.	OBSERVATIONS LOCALES.
			h. min.	on passe la *Bormida* en bateau, & quelquefois à gué.
				Il est bon d'observer que, sur cette route, on perd beaucoup de temps à passer les rivieres, & que les Postes y sont mal servies. La route la plus courte & la mieux servie, est celle de Milan, Lodi, Piacenza.

REMARQUES.

F

De BOLOGNE à FLORENCE.	Postes.	Distance en milles anglois.	Temps en route.	OBSERVATIONS LOCALES.
			h. min.	
De BOLOGNA à Pianoro	1 ½	10 ¼	1 55	Vallée dans laquelle le chemin est presque toujours au fond & plat.
à Loiano (a)	1 ½	9 ½	2 50	
à Feligara *	1	7 ½¼	1 30	De Pianoro à Loiano
à Cubillario	1	5 ¼	1 25	on a une vue très éten-
à Monte Ca-reli	1	7 ¼	2	due de la chaîne des Alpes, d'Yvrée, Milan, Vérone, & de la plaine
alle Masche-re (b)		4	1 10	du Padouan, du Pô &
à Caffagiolo	1	3	40	de la mer.

En allant à Loiano, & à la poste suivante, on va toujours en montant.

De Cubillario à Caffagiolo, on va, la plus grande partie du chemin, en descendant.

Belle vue de l'auberge *delle Maschere*. Les chemins sont fort bons sur cette route.

(a) On peut, si l'on veut, s'arrêter à *Loiano*, mais on y est fort mal.

* A moitié chemin de *Feligara* à *Cubillario*, est la *dogana* à *Pietramala*, où l'on peut coucher de la même maniere qu'il est expliqué ci-dessous, pour s'arrêter *alle Maschere*.

(b) Comme il n'y a point d'autre auberge sur la route, on divise la route en deux, afin de coucher *alle Maschere*, & l'on paie alors la dépense des chevaux & des pos-

REMARQUES.

Près le village de *Pietra-mala*, à 4 milles de *Feligara*, dans un terrein pierreux, bas & enfoncé entre des rochers, se voit un espece de volcan toujours enflammé, si ce n'est dans les cas de très grandes pluies : c'est un flamme claire qui s'éleve, dans une espace de 12 à 15 pieds en tout sens, de la surface de la terre, sans aucune fente ni cavité apparente.

De Bologne à FLORENCE.	Postes.	Distance en milles anglois.	Temps en route.	Observations locales.
			h. min.	
à Fontebuona	1	7 $\frac{1}{2}$	1 35	
à FIRENZE, *ou* FLORENCE (c)	1	8 $\frac{1}{4}$	1 30	
	9	63 $\frac{1}{2}$	14 15	

tillons sur le pied d'environ un sequin, pour six chevaux & deux postillons.

(c) Chez *Meg-git*, Anglois; chez *Vanini*, sur le Quai de l'*Arno*.

REMARQUES.

FLORENCE, belle & grande ville fur l'Arno, située dans une plaine charmante, entourée de côteaux très agréables. On y compte 150 églifes, 17 places publiques, & près de 80,000 ames, fuivant que me l'ont affuré des perfonnes inftruites. Il faudroit compofer un livre pour en bien décrire les beautés. Le palais *Pitti*, où demeure le Grand - Duc, la galerie, la cathédrale (Sainte Marie *in Fiore*) fon *Campanile* bâti par *le Giotto*, & le baptiftere, font les monuments qui frappent le plus un étranger Dans le palais *Pitti*, dont l'architecture d'ordre ruftique offre un coup d'œil impofant, on voit d'affez belles ftatues dans les cours ; & dans les appartements, de très beaux tableaux, fur-tout le fameux tableau de *Raphaël*, connu fous le nom de *Madonna della Sedia*, & une quantité prodigieufe d'autres beaux tableaux du même maître, du *Guide*, de *Guercino*, d'*Andrea del Sarto*, de *Parmegiano*, *Pietro Cortona*, &c. Du côté des jardins de *Boboli*, qui accompagnent le palais *Pitti*, eft une autre façade fort belle ; dans ces jardins on voit de très belles ftatues, entre autres une d'un homme qui porte fur l'épaule un vafe dont il verfe l'eau, par *Jean de Bologne*, une ftatue de Neptune dans une conque de granit d'Egypte, d'une feule piece de 36 pieds de circonférence ; & fur-tout le grouppe plein d'expreffion d'Adam & Eve, de *Michel-Ange Nacarini*. Dans ces mêmes jardins, eft la ménagerie où il y avoit des autruches quand je l'ai vue, & des moutons dont les queues pefoient 30 livres. Dans la cathédrale, on remarque fur-tout le dôme, que *Michel Ange* lui-même ne fe laffoit point d'admirer, les bas - reliefs autour du chœur. Du haut du *campanile*, tour quarrée de deux cents quatre-vingt pieds de hauteur, avec des pans faillants & arrondis, entièrement revêtue de marbre blanc, rouge & noir, par compartiments, on découvre tous les environs de Florence, qui forment des points de vue auffi agréables qu'étonnants. Près de la cathédrale

REMARQUES.

eſt un édifice appellé le *Baptiſtere*, dont les portes de bronze ſont admirablement bien ſculptées & ciſelées par *Lorenzo Ghiberti*. Outre les ſtatues qui ſont à la porte & dans la cour du vieux palais (entre leſquelles on remarque David, par *Michel Ange*, l'enlévement d'une Sabine en marbre, par *Jean de Boulogne*, & le Perſée en bronze de *Benvenuto Cellini*) on en voit de belles dans l'intérieur, ſur-tout dans la ſalle du Conſeil. On voit dans l'égliſe des Carmes la chapelle des *Corſini*, où ſont deux bas-reliefs magnifiques de *Fugini*, & dont la coupole eſt peinte par *Luca Giordano*. Il y a auſſi de très beaux tableaux de *Maſaccio*, peints depuis plus de 300 ans. ▬ Dans l'égliſe du Saint-Eſprit, le grand autel eſt d'une très belle architecture. ▬ A *San Lorenzo*, on admire la magnifique chapelle des Médicis, & le répoſitoire des tombeaux, où ſont de très belles ſtatues de *Michel Ange*, de qui eſt auſſi l'architecture du vaiſſeau de la bibliotheque. Les vitrages de cette bibliotheque ſont très bien peints. ▬ L'égliſe de St. Marc mérite auſſi d'être vue : les Dominicains y vendent d'excellents parfums. En différents endroits de la ville, on trouve de très beaux morceaux d'architecture & de ſculpture, tels que les palais *Ricardi, Strozzi, Corſini, Capponi*, & la colonne dorique, place ducale. ▬ Le bas-relief d'un piedeſtal de *Bandinelli*, place *San-Lorenzo*, le Centaure tué par Hercule, de *Jean de Bologne*, &c. ▬ La galerie eſt remplie de chefs-d'œuvre de ſculpture : on y voit, parmi les ſtatues antiques, celle de Diane, Vénus ſortant du bain, Vénus *Genitrix*, Venus *Victrix*, autrefois dans la tribune ; l'Athlete, Cupidon & Pſyché, Ganymede, Bacchus & un Faune, Vénus & Mars, Endimyon, Pomone, Mercure, Leda, Hercule luttant avec le Centaure, une Bacchante d'une grande légéreté, deux Agrippines aſſiſes, une idole étruſque, un Prince étruſque, ou *Lucumone* ; & parmi les ouvrages modernes, on admire le Bacchus de *Michel Ange*, & la fameuſe copie du Laocoon, par *Bandinelli*. Dans une des

REMARQUES.

chambres de la galerie, que l'on appelle la *Tribune*, font les belles ſtatues de la *Venus* de Médicis, Vénus *Pudica*, le *Faune* danſant, les *Lutteurs*, l'*Emouleur*, le fameux tableau de la *Vénus de Titien*, repréſentant ſa femme nue ſous la figure de Vénus; St. Jean dans le déſert, par *Raphael*; petite *Madonna* à genoux, du *Correge*; & pluſieurs tableaux de *Rubens*, & d'autres grands Maîtres. Dans une autre chambre, auſſi joignante à la galerie, eſt le beau-cabinet des médailles grecques & latines & des médaillons en bronze, qui eſt une des plus belles ſuites de médailles en Europe, & la belle collection des camées & pierres gravées; & à côté, dans la ſalle des Peintres, eſt la jolie ſtatue de Vénus ſortant du bain. ▬ Il ne faut pas manquer de faire attention au beau pont de la Trinité, qui a ſervi de modele à celui de Neuilly, près de Paris.

A environ 2 milles de Florence, eſt le *Poggio Imperiale*, où l'on trouve de très beaux tableaux, & une ſtatue de marbre d'A-donis, par *Michel Ange*.

A 6 milles de Florence, on va voir des jardins fort agréables, appellés le *Pratolino*, où l'on voit la ſtatue de l'Apennin, de 60 pieds de haut en proportion, & pluſieurs grottes où ſont pratiqués de curieux jets d'eau.

Depuis la premiere édition de cet Itinéraire, le Grand-Duc a fait venir de la *Villa Medici* à Rome, le fameux grouppe de Niobé, ouvrage admirable attribué à *Scopas*, & il a fait bâtir dans la galerie une ſalle exprès pour l'y placer. On a auſſi tiré l'Apollon de la *Villa Medici*, pour le mettre à côté de la fameuſe Vénus de la Tribune, ainſi que la Vénus ſortant du bain, qui eſt dans la ſalle des Peintres.

Dans la ſalle où eſt la Carte de la Toſcane, eſt un Herma-phrodite antique, qui ſelon quelques uns, ne le cede point à celui de la *Villa Borgheſe*.

Il y a de très grandes & belles maiſons à Florence, entre au-

De FLORENCE à ROME.	Poſtes.	Diſtance en milles anglois.	Temps en route.	OBSERVATIONS LOCALES.
			h. min.	
De FLOREN-CE à San-Caſſia-no	1 ½	9 ¾	2 15	De Florence à Sienne, eſt un pays charmant de collines, de vallons couverts de vignes & d'oliviers.
alle Tabernelle	1	8 ¼	1 55	La route en eſt très
à *Poggi-Bonzi* (a)	1	7 ½	1 40	belle.
à Caſtiglion-cello	1	6 ½	1 25	De Sienne à Monta-
à SIENA (b)	1	9 ¾	2 10	rone, chemin plat dans
à Montarone	1	8 ¼	1 23	une jolie vallée.
à Buon-Con-vento	1	7 ½	1 15	Près de Buon-Conven-to eſt *Montepulciano*,
à Tornieri	1	5 ¼	55	dont le vin eſt tant van-
à la Scala	1	9 ¼	2	té par *Redi*, dans ſon
à Ricorſi	1	4 ½	1 5	*Ditirambo*.
à *Radicofani*	1	6	1 41	Près de Radicofani eſt
à *Ponte-Cen-tino*	1 *	8 ¼	1 34	Chiuſi, autrefois *Ciu-ſium*, capitale des Etats
à Aquapen-dente	1	5	40	de Porſenna.
à *Nuovo San Lorenzo**	¼	5	1 3	De la vallée de Sienne à Ponte - Centino, on trouve beaucoup de montagnes peu fertiles,

(a) A la Poſte.
(b) Aux trois Rois.
* On a bâti der-nièrement une aſ-ſez bonne auberge ici, en changeant l'emplacement de la Poſte.

*On paie poſte & demie de Ponte-Centino à Radico-fani.

& l'on a beaucoup à monter & à deſcendre ; la route en étoit fort belle en 1769, mais je l'ai trouvée gâtée en 1777.

REMARQUES.

es eelles du Marquis *Riccardi*, du Duc *Strozzi*, du Prince
orsini, & du Marquis *Capponi*.

SIENNE, ville célebre de la Toscane ; on y compte 16 à 17
mille ames. La cathédrale, quoique gothique, est un ouvrage
achevé ; elle est toute revêtue de marbre noir & blanc en dedans &
en dehors : devant le parvis sont deux colonnes antiques de porphyre. Dans la chapelle *Chigi*, sont deux très belles statues de
sainte Magdeleine & de Saint Jérome, par *Bernini*, & 8 colonnes de verd antique ; on y montre aussi une *Madonna* que l'on
sure avoir été peinte par Saint Luc. Le bénitier est d'un
beau travail grec : la chaire est d'un beau marbre d'Afrique ; &
les bas-reliefs, sur-tout ceux de l'escalier, en sont admirables.
Le pavé de cette église est partie gravé & partie mosaïque. On y
voit aussi la statue d'Alexandre VII, par *Bernini*, & deux beaux
tableaux de *Carlo Maratti*, dans la chapelle *Chigi*. Dans la bibliotheque, près l'église, est un grouppe, très bien travaillé, des
trois Graces, en marbre blanc, que l'on dit, je ne sais pourquoi, être de Sophronique, pere de Socrate ; & dans cette même
ville sont les ouvrages à fresque de *Raphael*, *Perugino* & *Pintur-
icchio*. La tour du Palais de la Seigneurie est très élevée ; & du
sommet de cette tour, on a une belle vue qui s'étend jusqu'à
Radicofani. La place où est le Palais de la Seigneurie, est en
forme de coquille, dont les ruisseaux sont les arrêts, & un égoût
le noyau. On ne doit pas négliger de voir l'intérieur de l'église
des Augustins, où sont beaucoup de tableaux de l'Ecole de Sienne,
peu connue hors de cette ville, & bonne ; l'autel de cette église
est bien travaillé. Dans l'église des Dominicains est le tableau
de la *Madonna* de *Guy de Sienne*, peint en 1221. Il y a dans cette
ville un *Casino*, où s'assemble la Noblesse, hommes & femmes.
On fait voir aussi aux étrangers la maison des *Socins*, originai-
re de cette ville.

De Florence à Rome.	Postes.	Distance en milles anglois.	Temps en route.	Observations locales
			h. min.	
à Bolsena	1	6 $\frac{1}{4}$	5 1	Le lac de Bolsena
à Montefiaf-cone	1	8 $\frac{1}{4}$	1 50	30 milles de tour, & environné de collin
à VITERBO *	1	10	1 10	charmantes, couven
à la Montagna	$\frac{3}{4}$	5	1 15	de beaux bois de ch
à *Ronciglione*	1	7	1 20	nes.
à Monte-Rosi	1	9	1 40	De Montefiafcone
à Baccano	1	6 $\frac{1}{2}$	1 4	Viterbo, on defce:
à la Storta	1	8 $\frac{1}{2}$	1 28	toujours par un br
à ROMA (a)	1	9	1 30	chemin.
	2 3	171 $\frac{3}{4}$	35 9	

* A l'Auberge Royale, bonne auberge.

(a) Chez la *Margarita Pio*, & plusieurs autres dans le voisinage de la Place d'Ef-pagne.

La Montagna est *Mons Ciminus*; on y toujours en montant.

Ronciglione est f les bords du lac *Vic Lacus Ciminus*.

De Monte-Rosi à Storta, on fait une gra de partie du chemin l'ancienne *Via Caff* toujours en defcenda

De Baccano, à 16 m les de Rome, on co mence à voir la bo de la croix de St. Pier & l'on va toujours defcendant.

Toute la route de dicofani à Rome est mal entretenue, & vent dangereufe, tout dans les defcen

REMARQUES.

ROME, grande & magnifique ville, a 13 milles de tour, & contenoit, en 1767, 159,790 habitants, sans compter les Juifs. Les églises, les palais, les maisons de plaisance, les antiquités, les ruines, tout, dans cette ville, témoigne en faveur de sa grandeur ancienne & moderne. Je ne ferai qu'indiquer ici les choses les plus remarquables : quand on est à Rome, on ne manque ni de livres ni d'interpretes qui vous dirigent dans vos recherches. ━ Saint Pierre est non-seulement la plus belle église de Rome, mais le plus bel édifice du monde. Le péristyle qui regne autour de la place, les deux superbes fontaines, l'obélisque du milieu, la façade, la coupole élevée de 68 toises *, jusqu'au sommet de la croix, font un effet inexprimable sur les ames sensibles au sublime & au beau. Les belles proportions qui sont observées dans l'intérieur de cette superbe église, font que, toute vaste qu'elle est, l'esprit saisit sans peine toutes les parties qui se présentent à la vue, & l'on n'est étonné de la grandeur de ses parties, que, lorsqu'entrant dans le détail, on les trouve fort au-dessus de ce qu'on les avoit imaginées. Le baldaquin de bronze, de 122 pieds de haut, les bas-reliefs, les tableaux, les statues, tout enfin ce que Saint Pierre renferme, exigent au moins plusieurs jours pour les bien examiner. Après Saint Pierre, les deux plus belles églises de Rome sont *Santa Maria Maggiore* **, & Saint Jean de Latran. *San Paolo* est hors de la

* L'aiguille de Strasbourg a 69 toises 1 pouce jusqu'au dessus de la croix, 71 toises 2 pieds 4 pouces en comptant la croix ; la hauteur de la plus grande pyramide est de 77 toises & demie. Celle de Saint Paul de Londres, de 53 toises ; celle des tours de Notre-Dame de Paris, de 34 toises ; la fleche des Invalides, de 54 toises. La longueur extérieure de Saint Pierre est de 110 toises, & celle de Saint Paul de 78.
** On y remarque sur-tout la magnifique chapelle de la famille *Borghese*, devant la façade, l'élégante colonne de marbre, d'ordre corinthien, qui

REMARQUES.

ville ; *San Pietro in Vincoli*, où eft la fameufe ftatue de Moïfe, par *Michel Ange* ; Sainte Agnès dans la place Navone, où fe voit le beau relief d'*Algardi*, repréfentant Sainte Agnés nue, couverte de fes cheveux ; ce morceau eft admirable. *San Girolamo della Carità*, où eft le chef-d'œuvre de *Dominichino*, le Saint Jérôme communiant. === La *Trinità de Pellegrini* poffède un beau tableau d'une defcente de croix, par *Volterra*. Sainte Croix en Jérufalem, *Santa Bibiana*, où l'on voit le chef-d'œuvre de *Bernini*, une belle ftatue de *Sainte Bibiane*, d'une draperie admirable. A *Santa Madonna della Vittoria* eft une autre belle ftatue du même auteur, Ste. Thérèfe en extafe. La magnifique églife de *St. Ignace*, celle de *Gesù*, où font quatre colonnes de lapis-lazuli, & deux beaux grouppes de *le Gros* & de *Teudona;* & l'églife des Capucins qui renferme le beau tableau du *Guide*, repréfentant l'Archange vainqueur de Satan. ==Parmi les palais fans nombre qui embelliffent Rome, on diftingue le *Vatican* bâtiment immenfe où font confervés les tréfors les plus précieux de l'antiquité & des grands hommes des derniers fiecles ; entre autres le Mufeum, commencé par le Pape *Ganganelli*. La bibliotheque eft célebre par la quantité prodigieufe des manufcrits qui y font. On y trouve auffi un fuperbe camée d'Augufte, & la magnifique collection des médaillons en bronze, en or & en argent, faite par le Cardinal Alexandre *Albani*. En tableaux on remarque l'*Ecole d'Athenes;* plufieurs autres ouvrages en frefques de *Raphael*, & fes *Arabefques* que l'on a gravés & publié depuis peu. Dans la chapelle *Siftina* eft le Jugement univerfel de *Michel Ange*, d'une compofition & d'une expreffion étonnante. Du bout d'une galerie de 1200 pieds, fe voit une belle ftatue couchée, dite *Cléopâtre;* & dans *le cortile del Belvedere*

eft regardée comme un modele en ce genre. On croit qu'elle appartenoit au Temple de la Paix.

REMARQUES.

ont l'*Apollon* que l'on regarde avec raison comme la plus belle statue de l'antiquité ; le *Laocoon*, le *Méléagre*, appellé aussi *Antinoüs* * ▬ *Monte-cavallo* est un autre palais où les Papes résident. ▬ Le palais *Barberini* est d'une très belle architecture de *Bernini* ; on y voit la Magdeleine du *Guide*, les joueurs de *Caravaggio*, & beaucoup d'autres beaux tableaux ; & en sculpture, le beau Faune dormant, un joli grouppe de sculpture grecque, d'Atalante & Méléagre. ▬ Le palais *Borghese* est très spacieux, en forme de clavecin, bâti par le célebre *Bramante*: la colonnade de la cour est assez belle. Il y a un nombre infini de beaux tableaux, quelques beaux morceaux de sculpture, & de superbes tables & autres ameublements en porphyre rouge, albâtre fleuri, &c. Au haut du palais est un appartement délicieux de la Princesse *Borghese*, orné de grands paysages de *Vernet*, qui ont tant de vérité, qu'en entrant dans l'appartement où ils sont, on croit être en pleine campagne. Le palais *Rospigliosi* possede le fameux tableau de l'*Aurore*, par *le Guide*. Le palais *Colonna* est très riche en tableaux des premiers Maîtres, dans tous les appartements, & sur-tout dans une galerie que l'on peut bien regarder comme la plus belle & la plus riche qu'il y ait en Europe. Dans les jardins *Colonna* sont les ruines des bains de Constantin, & celles du temple du Soleil ; une corniche merveilleusement bien travaillée, qui se trouve dans ces jardins, & que l'on croit avoir appartenu à une des colonnes de ce temple, donne à juger, par induction, de l'énorme grosseur & de la beauté du travail de ces colonnes. ▬ Le palais *Aldo-*

---

* Depuis que ceci a été imprimé, le Pape *Ganganelli* a fait faire une très belle collection d'antiquités qu'il a placée au *Belvedere*, où se trouve entre autres le *Méléagre*, qui est regardé comme la seconde statue après l'*Apollon*.

REMARQUES.

vrandini, où fe voit le plus beau monument de la peinture antique , connu fous le nom des *Noces Aldovrandines*, tableau où la
beauté du deffin paroît dans la plus grande perfection. ⹀ Le
grand palais *Farnefe* qui poffede l'Hercule dit *Farnéfien, de Gly-
con;* à fes pieds eft l'urne trouvée dans le tombeau de *Metella, à
Capo di bove ;* la *Flore*, dont la draperie eft juftement admirée,
routes deux dans la cour; & dans la galerie, les buftes d'Homere,
de Mithridate ; fur-tout le beau bufte de *Caracalla*, morceau de
fculpture exquis ; le triomphe de Bacchus , & la Galatée d'*Annibal Carracci*, & l'hiftoire de Perfée & d'Andromede, du même
Peintre, eftimés les ouvrages les plus parfaits qu'il y ait en
frefque : on voit auffi dans une petite cour près de ce palais, le
fameux grouppe *del Toro Farnefe*. Au petit palais *Farnefe*, autrefois jardins de Geta, il y avoit la ftatue d'Agrippine affife,
qui paroît méditer d'un air trifte* ; ici l'on voit la Vénus *Cal-
lipyge*, & dans la *Logia* l'hiftoire de Cupidon & Pfyché, & le
Banquet des Dieux, peints par *Raphael*, aidé de fes éleves. Près
du petit palais *Farnefe* eft le palais *Corfini*, dont la bibliotheque
eft très belle, & rendue publique. J'ai vu le maître de ce palais
donner à l'Empereur , le 27 Mars 1769, un bal & un fouper de
500 couverts, fervi chaud; pour lequel le Prince *Corfini* me
dit n'avoir emprunté ni vaiffelle, ni linge, ni porcelaine; ce
qui peut fervir à donner une idée de la magnificence des grands
Seigneurs Romains. Le Prince *Doria* donna auffi quelques jours
après (le 2 Avril) un bal paré, pour lequel il fit de fa cour (qui
a 80 pieds en quarré) une falle magnifique , en élevant le plan-
cher à la hauteur de la galerie du premier étage , qui regne autour de la cour, & abattant les fous-baffements des fenêtres, afin
d'en faire des portes pour communiquer par la galerie aux ap-

---

* Elle a été tranfportée à Caferta.

REMARQUES.

ements; & ce qu'il y eut d'étonnant, c'eſt que tout cela fut
en trois jours. Le 26 Mars, la façade de Saint Pierre, la cou-
, le périſtyle, tout ce vaſte édifice fut illuminé en 4 mi-
s, au ſignal donné. ▬ Parmi les palais qui portent le nom.
Villa dans Rome, la *Villa Medici*, ſituée ſur les ruines des
ins de Lucullus, mérite d'être citée la premiere, par le grand
bre des tréſors de l'art de tous les genres qu'elle poſſede ; la
rie & les jardins ſont ornés des plus beaux monuments de
ulpture des Anciens : le grouppe de Niobé & de ſes enfans,
Scopas, s'y trouvoit lorſque j'étois à Rome ; mais le Grand-
l'a fait tranſporter à Florence. Sous les portiques de la *Villa*
roni ſont les belles ſtatues de Sylla & Marius ; il y a des jar-
champêtres à cette *Villa*, de 3 milles de tour, où l'on a
vé dernièrement les ruines de pluſieurs maiſons avec de très
s peintures en freſque. La *Villa Mattei* offre une très belle
 ĉtion de ſtatues. La *Villa Ludoviſi* eſt ſituée ſur le mont
cio, près des ruines du cirque & des jardins de Salluſte; on
it l'Aurore de *Guercino*, au-deſſous du même ſujet traité
le Guide; & en ſculpture, un grouppe antique, dit du jeune
ateur Papirius & ſa mere*; un autre d'Aria & Petus. Un
uppe de l'enlévement de Proſerpine, par *Bernini*. La *Villa*
dama eſt agréablement ſituée ; il y a un théâtre de gazon pra-
é dans un bois près de la maiſon, ſur lequel on prétend que
inte du *Taſſe* fut repréſenté pour la premiere fois. La *Villa*
gheſe, aux portes de Rome, eſt un édifice très vaſte, dont
açades ſont revêtues de très beaux bas-reliefs antiques, entre
uels en eſt un remarquable de Curtius ſautant à cheval dans le
ffre. Au-deſſus de la porte de la ſalle eſt un bas-relief de cinq
res qui ſe donnent la main : c'eſt dans cette *Villa* que l'on

---

Mais qui repréſente plutôt Phedre & Hippolite.

REMARQUES.

voit le faméux *Gladiateur* combattant, par *Agathias* d'Éphèse,
Coriolan & Veturie, l'Hermaphrodite, Sénèque mourant dans
le bain, un grouppe des trois Graces, semblable à celui de Sienne, un Centaure domté par l'Amour Énée & Anchise, de
Bernini; Apollon & Daphné, du même; enfin on va voir la
Villa Albani, que l'on peut bien appeller le Temple du goût &
des richesses: il n'y a rien de si riche & de si achevé dans Rome
ou aux environs. Les plus belles statues y sont sans nombre,
ainsi que des morceaux merveilleux de sculpture dans les marbres les plus riches; les compartiments des pavés des appart-
ments d'en haut sont en verd antique, en lapis lazuli, en albâtre fleuri, & autres marbres précieux; il y a une colonne d'albâtre fleuri, d'une seule piece, morceau unique; les pilastres &
quelques chambres sont ornés de camées antiques: mais ce qu'il
y a d'inestimable, est un buste d'*Antinoüs* en bas-relief, au-dessus
d'une cheminée, que les connoisseurs estiment à juste titre le
plus beau bas - relief de l'antiquité. Le Cardinal Alexandre Albani, le meilleur juge des beautés de l'antiquité, a passé cinquante ans, & employé des sommes considérables à réunir tout
ce que cette magnifique *Villa* renferme. En parlant des palais,
je n'aurois pas dû omettre le palais *Giustiniani* & le palais *Spada.*
Dans le premier, la galerie offre de très belles statues, entre autres une Minerve, qui est la plus belle que l'on connoisse de
cette Déesse; & près de l'escalier est le bas-relief d'Amalthée,
nourrice de Jupiter, qui peut entrer en concurrence avec l'Antinoüs de la *Villa* Albani. Dans le second est la statue de Pompée,
& la même au pied de laquelle César tomba assassiné; elle a été
trouvée dans la rue des *Leutarii.* Je n'entreprendrai pas d'indiquer même toutes les beautés dans tous les genres, qui se trouvent au Capitole; mais je ne puis passer sous silence la statue
équestre de Marc Aurele, devant l'édifice, les Rois captifs dans
la cour, la statue colossale d'Auguste sous le portique de la cour,

REMARQUES

REMARQUES.

la colonne roftrale de Duillius , & dans l'intérieur, la ftatue coloffale de Pyrrhus, le tombeau de Sévere, les ftatues d'Antinoüs, des Centaures de bafalte, le Gladiateur mourant, la belle colonne d'albâtre, & le chef-d'œuvre de l'art de la mofaïque ; ce tableau des trois pigeons qui fe jouent fur le bord d'un baffin plein d'eau, fi élégamment décrit par Pline , qui l'attribue à *Sofus* de Pergame. Ce précieux monument de l'induftrie des Anciens & de leurs connoiffances dans l'art de la peinture , fut trouvé à Tivoli , dans les ruines de la maifon de plaifance d'Adrien , par le Cardinal *Furielli* , & vendu au Pape qui le donna au Capitole. Les fontaines de Rome ne font pas moins remarquables que les autres édifices de cette grande ville : entre autres on voit avec admiration la fontaine *Trevi*, *Aqua Felice*, *Fonte Paolino* , ou *Aqua Paola* , près de laquelle eft le beau tableau de la Transfiguration, par *Raphael*, à St. Pierre *in Montorio*, & un joli temple de *Bramante*. Pour paffer des édifices modernes aux monuments de l'antiquité , nous nous arrêterons premiérement au Panthéon , bâti par Agrippa, à préfent *Santa Maria della Rotonda* , qui eft le mieux confervé dans Rome. La coupole a fervi de modele à toutes celles qui ont été bâties depuis ; le portique , de la plus grande beauté , eft foutenu par des colonnes de granit d'une feule piece ; le cadre de la porte eft d'un feul morceau de marbre ; l'intérieur de l'églife eft orné de très belles colonnes d'ordre corinthien ; les niches font dans la proportion recommandée par Vitruve , ce qui fait conjecturer qu'il a été l'architecte de ce temple : on monte fur le toit , pour admirer l'effet de la vue en dedans par la lanterne. Le *Colifée* , ou l'amphithéâtre bâti par Vefpafien, a quatre rangs d'architecture ; quelques uns difent avec les quatre ordres , mais je n'ai pu les appercevoir. Le maufolée d'Adrien , à préfent le château St. Ange , le pont Ælien , bâti par Adrien, le maufolée d'Augufte, près de *Ripetta*, les arcs de triomphe de Sévere, de Titus, de Conftantin, de

G

REMARQUES.

Janus, de Néron Drufus. ▬ Les ruines des temples de *Giove
Stator*, de *Giove Tonante*, de la Concorde, de la Paix, d'Antonin & de Fauſtine, du Soleil & de la Lune, celui de Romulus,
appellé *San Toto*, celui de Rémus & Romulus, ou *Saint Côme
& Saint Damien*; le temple de Pallas, près le *Foro di Nerva*, le
temple de la Fortune virile, celui de Veſta. Les ruines des thermes de Dioclétien, dont la partie nommée *Xiſtes*, ou ce qui
compoſoit les portiques du Gymnaſe, fait la grande piece de
l'égliſe des Chartreux. On y voit huit colonnes de granit orien-
tal antique, chacune d'une ſeule piece, d'une hauteur & d'un
poids qui fait que l'on a peine à comprendre comment les Anciens avoient les moyens d'apporter des maſſes auſſi énormes
d'une auſſi grande diſtance. Ruines des palais des Céſars ſur le
mont Palatin, dans les jardins *Farneſe*. Près de là ſont les ruines
des bains de Livie, avec des reſtes de la peinture à freſque, en
or & azur. Près de là ſe montre la ſituation de la maiſon de
Romulus. ▬ Ruines du théâtre de Pompée, près la *Curia Pom-
peii*, où fut tué Céſar. Ruines du théâtre de Marcellus. ▬ Toutes les ruines du *Forum Romanum*, ou *Campo vaccino*; du pont
d'*Horatius Cocles*, ou pont *Sublicius*, & du pont *Palatinus*. ▬
Ruines du *Circus maximus*, de la *Curia Oſtilia*, des trophées
de Marius, de l'*Aqua Marcia*, de l'arc de Gallien, du portique
de Philippe & de celui d'Octavie, de la *Villa* & de la tour de
Mécénas, près de *S. Vito*, & l'arc Gallien, près de S. Martin *ael
Monte*. Ruines de *Minerva meaïca*, du temple de Vénus & de Cupidon, de l'amphithéâtre *Caſtrenſe*, des aqueducs de l'*Aqua Clau-
dia*, des thermes de Caracalla, des thermes de Titus, ou les ſept
ſalles. Tombeaux de la famille *Aruntia*, dans une vigne près du
temple de *Minerva medica*: Aruntius étoit Conſul ſous Tibere.*

* Le tombeau des *Scipions*, près la porte *Capena*, ou St. Sébaſt ie J'ai
publié une table généalogique de cette famille.

REMARQUES.

— *Cloaca maſſima*, bâti par Tarquin. Ruines du tombeau de *Me-tella*, dites *Capo di bove* ; cirque de Caracalla. ⚌ Temple de l'Honneur & de la Vertu. ⚌ Maiſon de Cicéron. ⚌ Temple du Ridicule, de la *Fortuna muliebre* ; temple & autel de Bacchus, fontaine Egérie, ſépulcre de Scipion, de Camille, ſœur d'Hora-ce, des Affranchis de Livie ; temple de Bacchus, près Ste. Agnès, hors de la ville, où ſe voit un très beau ſarcophage ſculpté en porphyre : ce temple eſt une coupole ſoutenue par vingt-quatre colonnes doubles de porphyre. ⚌ La priſon de Jugurtha, appel-lée *Carcere Mammertino* ou *Tulliano*, dans laquelle on dit que S. Pierre fut détenu. Je ne veux pas omettre de parler des obéliſ-ques de *la Porta del Popolo*, & de celui qui eſt couché au champ de Mars, que l'on appelle *Obeliſco orario*, qui a 122 palmes de hauteur ; il étoit d'une ſeule piece, & offre des figures très bien ſculptées en creux. Il ne faut pas manquer de voir encore la galerie de St. Ignace, ou le *Muſeum Kircherianum*; &, ſi l'on peut, le beau camée du Duc de *Bracciano*, en agathe onyx, de 6 pouces ſur 4 & demi, repréſentant Alexandre & Olympie, ouvrage de *Pyrgoteles*, & le fameux camée de Cicéron, que le Maréchal *Chigi* acheta en 1769, pour 800 ſequins. ⚌ Il faut auſſi voir la ſtatue de Jonas dans une égliſe de la *Piazza del Popolo*, dont le deſſin & la direction ſont de *Raphael*. La plus belle vue de Rome, & peut-être d'aucune cité du monde, eſt des jardins du Prince *Lante*, ou de la *Villa Corſini*, au-deſſus du palais *Corſini*, dont *l'aſi* a publié une Eſtampe.

TIVOLI, à 10 milles de Rome, offre pluſieurs choſes dignes d'être vues, entre autres les ruines du palais d'Adrien, les ruines de la *Villa* de Mecenas, de celle de *Varus*, le temple de la Si-bylle, la Caſcade, les *Caſcatelle.*

De Florence à Rome, par Perugia, Foligno, Terni, &c	Postes.	Distance en milles anglois.	Temps en route. h. min.	Observations locales.
De Florence al Pian della Fonte	2	14	2	Arezzo est dans une jolie situation qui domine sur une petite plaine. C'est la patrie de Pétrarque, né en 1304.
à Levane	2	15	2 10	
à Arezzo (a)	2	15	2	De la Camoccia à Arezzo, on va le long d'une belle plaine de 16 milles de long, & très fertile.
alla Camoccia (b)	2	14	2 20	
à Torricella	2	13 $\frac{1}{2}$	2 30	
à Perugia (c)	2	13	2	
à Madonna degli Angeli	1	11	1 50	Au dessus de la Camoccia, sur la colline, est située Cortona, ville célebre par son antiquité & son Académie.
à Foligno	1	9 $\frac{1}{2}$	1	
à le Vene	1	9	1 30	Près de Madonna degli Angeli, est Assisi, dont la situation sur la colline, est très agréable & pittoresque.
à Spoleto	1	7 $\frac{1}{4}$	1	
à Strettura	1	9	2 10	
à Terni	1	8	1 30	
à Narni	1	8 $\frac{1}{4}$	1 30	
à Otricoli	1	8	2	
à Borghetto	$\frac{1}{4}$	6	1	La vallée de Perugia est peut-être la plus riche & la plus belle de toute l'Italie, sur tout du côté de Foligno.
à Civita-Castellana	$\frac{3}{4}$	6	50	
à Rignano	1	7 $\frac{1}{2}$	1 50	
à Castel-nuovo	1	6	1 15	
à Valborghetto	$\frac{3}{4}$	5	1	A Foligno, on entre dans l'*Umbria*, pays fertile; de belles plaines, des montagnes ornées, des vallées riches.

(a) A la Poste.
(b) A la Poste.
(c) Chez Luigi Ercolani.

A 2 ou 3 milles de Spoleto, on commence

REMARQUES.

N. B. Cette route de Florence à Rome est mieux entretenue que celle qui passe par Sienne ; le pays est plus beau , les auberges sont meilleures , & il y en a davantage où l'on peut s'arrêter : elle est de 25 milles plus longue que l'autre , mais on y gagne en vîtesse par la beauté des chemins ; d'ailleurs on voit dans l'Ombrie le plus beau pays & le mieux cultivé des Apennins ; on voit aussi le lac de *Perugia* , jadis de *Thrasymène* , fameux par la victoire d'Annibal sur le Consul Flaminius.

De la Camoccia à Tornicella , se trouve le lieu de la défaite de Flaminius par Annibal , dans une petite plaine entre Tuoro & la colline , encore appellée à présent *Sanguinetta*. Le Général carthaginois qui s'étoit emparé des hauteurs , attaqua le Consul en flanc , lui coupa la retraite en arriere , & lui opposa un corps d'armée en front , à la sortie du défilé de Pasignano. Polybe a très bien décrit cette action célebre , & le Chevalier Folard l'a bien commentée.

Perugia est une belle ville bâtie sur la cime d'une haute montagne , où l'on voit plusieurs beaux tableaux de *Pietro Perugino* , maître de *Raphaël*.

Entre le Vene & Foligno , est une petite ville nommée *Trevi* , bâtie en amphithéâtre , sur le penchant d'une montagne , qui produit le plus joli effet du monde.

A Terni , on monte à cheval pour aller voir , à 4 milles de là , la cascade *delle Marmore*, formée par la chûte du *Velino* dans la *Nera* , qui tombe de près de 800 pieds de haut (1063 palmes romains) par un canal coupé dans le roc par Marcus Annius Curius Dentatus , vers l'an 480 de Rome , pour faire écouler les eaux du lac *Velino* , qui inondoient souvent la vallée de Rieti. C'est la cascade la plus haute qui soit connue ; celle de Niagara , qui présente un plus grand volume d'eau , n'a que 150 pieds. Si l'on compte la hauteur de la chûte du *Velino* , depuis le niveau de son lit jusqu'au niveau de la *Nera* , il y a 1364 pieds , tant de chûte perpendiculaire que de pente.

G iij

De FLORENCE à ROME, par Perugia, Foligno, Terni, &c.	Postes.	Distance en milles anglois.	Temps en route.		OBSERVATIONS LOCALES.
			h.	min.	
a Prima porta	$\frac{1}{4}$	4 $\frac{1}{2}$		40	à monter la *Somma*, qui est la plus haute mon-
à ROMA	1	6	1		tagne de cette partie
	26	197	33	5	des Apennins.

N. B. On peut s'arrêter à la Poste dans toutes les villes désignées en lettres italiques ou majuscules.

REMARQUES.

De ROME à NAPLES.	Postes.	Distance en milles anglois.	Temps en route. (h. min.)	Observations locales.
De ROME à Torre - di - mezza via	1	8 $\frac{1}{4}$	1 20	Les vues de cette route sont très variées en collines & vallées.
à Marino	$\frac{3}{4}$	6 $\frac{1}{4}$	1	Toute la *Campania* est mal cultivée à cause des impôts sur les grains. L'air y est très mal sain.
à la Faiola		4 $\frac{3}{4}$	1	
à *Veletri* (a)	1	5 $\frac{1}{4}$	1 10	
à Cafe-fondate	1	9 $\frac{3}{4}$	1 15	
à Sermoneta	1	5 $\frac{3}{4}$	45	
à Cafe-nuove	1	8 $\frac{1}{4}$	1 25	
à *Piperno* (b)	1	5	1	

(a) Avec une lettre de recommandation, on couche très bien au palais *Ginetti*, à Veletri.

(b) Il n'y a qu'à *Piperno* ou *Gaeta* où l'on puisse coucher sur cette route; mais il vaut mieux voyager toute la nuit, l'auberge de *Piperno* est extrêmement mauvaise; celle de *Mola di Gaeta* n'est pas beaucoup meilleure: on peut cependant, avec des lettres de recommandation, avoir un bon gîte au Couvent de S. Erasmo, à *Castel-*

REMARQUES.

Entre la Faiola & Marino, on passe au-dessus du lac Albano, à présent appellé lac *Castello*, de Castel-Gandolfo, qui est au bord du lac.

Quand on ne veut pas voyager toute la nuit entre Rome & Naples, on peut s'arrêter à Veletri, Piperno, à Mola di Gaeta. Avec quelques précautions prises d'avance, on se procure un logement au palais *Ginetti* à Veletri, & au couvent de *S. Erasmo*, près de Mola di Gaeta. La meilleure auberge à Piperno est celle qui est au bas de la montagne; mais on fera mieux de ne pas s'y arrêter.

De ROME à NAPLES.	Postes.	Distance en milles anglois.	Temps en route.	OBSERVATIONS LOCALES.
			h. min.	
à Maruti	1	7 $\frac{1}{4}$	1 35	
à Terraccina	1	7 $\frac{1}{4}$	1 22	A Terracina on est
à Fondi	1 $\frac{1}{2}$	11 $\frac{1}{4}$	1 30	vis-à-vis le mont *Cir-*
à Itri	1	7 $\frac{1}{2}$	1 45	*cello* , jadis le mont
à Mola di Gaeta	1	4 $\frac{1}{4}$	1	*Circé.*
al Garigliano	1	8	50	En sortant de Gari-
à S. Agata	1	9 $\frac{1}{4}$	1 18	gliano , on passe la ri-
à Sparanesi	1	10	1 23	viere du même nom en
à Capua	1	8 $\frac{1}{4}$	1 12	bateau.
à Aversa	1	12 $\frac{1}{2}$	1 20	
à NAPLES	1	11 $\frac{1}{2}$	1 45	La route de Terraci-
	19	152 $\frac{1}{2}$	24 35	na à Naples est une des

lone , près *Mola
di Gaeta* , & un
autre à Veletri, au
palais *Ginetti.*

plus belles de l'Europe;
elle fut faite sur la *voie
Appienne* (qui lui sert
de fondement) pour re-
cevoir la présente Reine
de Naples.

Air sain , terroir fer-
tile & abondant en vin
& en huile.

REMARQUES.

Aux environs de Fondi, est la grotte où Séjan sauva la vie à Tibere, suivant Tacite.

Du Couvent de *S. Erasmo*, à un mille de Mola di Gaeta, on a une vue magnifique de la ville & du golfe de Gaeta, & l'on découvre le mont Vésuve & les isles voisines de Naples.

Près de S. Agata est Sessa, jadis *Setia*, capitale des Volsques.

A Capua, l'on passe le *Volturno* sur un pont. Les ruines de l'ancienne Capoue sont à un mille de là.

NAPLES, ville riche & commerçante, & l'une des mieux situées du monde : la rade de Naples a 100 milles de circonférence, que l'œil saisit dans un point de vue. L'Isle de Caprée, fameuse par la retraite de Tibere, est vis-à-vis de cette ville ; * à droite est la côte de Pausilippo, ** & à gauche le mont Vésuve. Je ne connois pas de perspective plus étendue, plus variée, plus frappante que celle que l'on a de Naples & des environs, du haut du mont Vesuve. Les rues en sont fort belles & fort propres : on y compte environ 360,000 habitants ; en sorte, qu'après Paris & Londres, c'est la ville la plus peuplée de l'Europe. Le palais royal est d'une architecture noble & magnifique, la rue *Toledo* est large, droite, de trois quarts de mille de longueur, & les maisons en sont bien bâties. Le grand théâtre est un des plus beaux en Europe ; &

---

*A 16250 toises, ou 19 milles & demi d'Angleterre, au midi de Naples.

** La fameuse grotte du *Pausilipo*, creusée de la longueur de 362 toises, ou 2316 pieds anglois, à travers la montagne (selon la mesure exacte que j'en ai prise moi-même) me paroît devoir être un de ces ouvrages merveilleux de Lucullus dont parle Plutarque, pag. 947, liv. I. de l'édition d'Henri Etienne. Τὰ δ' ἐν τοῖς παραλίοις κὴ περὶ Νεάπολιν ὄργα λοφὺς ανακρεμανόντος αὐτὰ μεγάλοις ὀρύγμασι.

REMARQUES.

lorfqu'il eft illuminé les jours de *Gala*, il préfente le fpectacle
le plus plus brillant & le plus magnifique qu'on puiffe imaginer.
Au *Capo di monte* eft une fuperbe collection de tableaux, une
collection très nombreufe & très belle de toutes les fuites des
médailles en or, en argent & en bronze, & un nombre prodi-
gieux de camées & de pierres gravées, antiques, de la plus
grande beauté. Il y en a un entre autres qui eft peut-être le plus
beau camée qui exifte ; c'eft une onyx en forme de jatte, de 8
pouces de diametre, repréfentant d'un côté & en dedans l'apo-
théofe d'Adrien, & de l'autre une tête de Méduſe, d'un travail
admirable. Il y a plufieurs vues de Naples qui font différentes,
& font toutes fort intéreffantes. L'une eft du Caftel de l'*Uovo*,
l'autre du Caftel *S. Elmo*, une autre du tombeau de Virgile, au-
deffus de la *Grotta di Paufilipo* ; & la quatrieme du Couvent des
Camaldoli, hors de la ville, d'où l'on découvre toutes les antiquités des environs de Naples. On voit dans la chapelle du Prince
Saint-Severin deux belles ftatues modernes, l'une debout dans
un filet, & l'autre repréfentant une perfonne morte, enveloppée
d'une draperie parfaitement bien exprimée. === Les environs
de Naples font extrèmement curieux & fatisfaifants pour les a-
mateurs de l'antiquité & de l'hiftoire naturelle. Le mont Véfu-
ve, la *Solfatara*, la *Grotta del Cane*, les bains de Néron, &c.
ont de quoi intéreffer ceux-ci ; Portici, pour ceux-là, offre une
collection inépuifable de tableaux, de ftatues de marbre & de
bronze, d'uftenfiles, de vafes à l'ufage des temples, des facrifi-
ces, des maifons, en bronze, en argent, en terre, en verre, dont
quelques-uns font d'une fineffe de travail & de deffin, qui ne
peuvent être furpaffés par aucune autre collection. Tout ce qui
s'eft trouvé à *Herculanum* & à *Pompeia*, & tout ce qui s'y trouve
encore, eft dépofé à Portici, près de laquelle ville, & fous Re-
fina qui la joint, on voit les ruines d'*Herculanum*. Plus loin, à
12 milles de Naples, eft *Pompeia*, dont on voit les ruines à dé-

REMARQUES.

couvert. On fe promene dans fes rues, on entre dans fes maifons, telles qu'elles fubfiftoient du temps des Romains ; & c'eft
le feul modele que nous ayions d'une ville ancienne. Pozzuolo a
de très beaux reftes d'antiquités : on voit auffi tout le terrein
claffique décrit par Virgile, le lac *Avernus*, l'antre de la Sybille,
les champs élyfées, le cap de Mifene, l'Achéron, la grotte de la
Sybille de Cumes, d'où l'on voit au loin la *Torre di Patria*, où
eft le tombeau de Scipion, avec ces mots : *Ingrata patria, neque
offa mea habebis.* Du côté de Baies eft le fépulcre d'Agrippine,
la *Pifcina mirabile*, &c. &c.

La fituation de Naples, vue à 2 ou 3 milles en mer, eft la plus
belle & la plus magnifique d'aucune autre ville du monde ; quelques uns font partagés entre la fituation de Naples & celle de
Conftantinople, mais la premiere paroît avoir le plus grand
nombre de fuffrages.

De ROME à LORETO.	Postes.	Distance en milles anglois.	Temps en route.		OBSERVATIONS LOCALES.
			h.	min.	
De ROME à Prima Porta	1	6	1		
à Malborghetto	3/4	4 1/2		40	
à Castel-nuovo	3/4	5	1		
à Rigano	1	6	1	15	
à *Civita-Castellana*	1	7 1/2	1	50	On entre dans l'*Umbria* à Otricoli: pays fertile; de belles plaines, des montagnes ornées, des vallées riches.
à Borghetto	1/4	6		50	
à Otricoli	1/4	6 1/4	1		
à *Narni*	1	8 1/4	2		
à *Terni*	1	8 1/4	1	30	
à Strettura	1	8	1	30	A 3 milles de Strettura, on commence à monter la *Somma*, qui est la plus haute montagne des Apennins, de ce côté.
à Spoleto	1	9 1/4	2	10	
à le Vene	1	7 1/2	1		
à *Foligno*	1	9	1	30	
à le Casenuove	1	9	1	50	
à *Serravalle*	1	9 1/2	2	10	A Serravalle on quitte l'*Umbria* pour entrer dans la Marche d'Ancone, toujours à travers les Apennins.
al Ponte de la Trava	1	7	1	15	
à Valcimara	1	7 1/2	1	30	A Valcimara, la vallée s'élargit les montagnes s'aplanissent, & l'on entre dans la plaine.
à Tolentino	1	8	1	35	
à *Macerata*	1 1/2	11	2		

On peut coucher dans tous les endroits sur cette route, qui sont en lettres italiques.
Les meilleurs

REMARQUES.

Cette route de ROME à Bologne par Lorette est mieux entretenue que celle qui passe par Sienne & Florence ; le pays est plus beau , les auberges sont meilleures, & il y en a davantage où l'on peut s'arrêter. Il y a encore une autre route pour aller à Florence par Perugia & Arezzo.

A Terni , on monte à cheval pour aller voir la cascade *delle Marmore*.

Spoleto, situé partie sur une colline , & partie sur une plaine.

Macerata, joliment situé sur le haut d'une colline.

De ROME à LORETO.	Postes.	Distance en milles anglois.	Temps en route.	OBSERVATIONS LOCALES.
			h. min.	
à Burcheto	1	6 $\frac{1}{4}$	1	
à LORETO	1	10 $\frac{1}{4}$	2 30	
	20 $\frac{1}{2}$	160 $\frac{1}{2}$	31 5	

gîtes sont *Narni, Foligno, Spoleto, Macerata*, à la Poste. ⸗ Cette derniere est hors de la ville.

REMARQUES

REMARQUES.

Loreto eſt ſitué ſur le haut d'une colline , à deux lieues de la mer. L'égliſe de Notre-Dame eſt appellée *Santa Caſa* ; & la chapelle de la *Madonna* (de laquelle on dit tant de merveilles) eſt très agréable ; la *Madonna* eſt couverte de bijoux & de pierres précieuſes : on voit enſuite le tréſor qui eſt certainement un des plus riches de l'Europe.

De LORETO à BOLOGNE.	Postes.	Distance en milles anglois.	Temps en route.		OBSERVATIONS LOCALES.
			h.	min.	
De LORETO à Camerano	1	8	1	35	De Loreto à Ancona, on a beaucoup à monter & à descendre.
à ANCONA	1	9 ½	1	45	
à Case-brugiate	1	9	1	50	
à Sinigaglia	1	7 ½	1	20	
à la Marotta	1	6	1		
à *Fano*	1	7 ½	1	20	Pays plat jusqu'à la montagne de Pesaro, le long de la mer Adriatique.
à *Pesaro*	1	7	1	25	
à la Catolica	1	10	2	5	
à *Rimini*	1 ½	11 ¾	2	12	
à Savignano	1	9 ¾	1	40	Entre Cesena & Savignano, à 3 milles de Cesena, on passe le *Rubicon* (à présent le *Pisatello*) large de 10 pieds, parce qu'on est près de la source, au lieu qu'à Ravenne il est dans toute sa largeur.
à Cesena	1	8 ¾	1	15	
à *Forli*	1 ½	11 ¾	2	5	
à Faenza	1	9 ½	1	30	
à Imola	1	9 ½	1	45	
à S. Nicolo	1 ¼	11	1	45	
à BOLOGNA	1 ¼	9 ¼	1	30	
	17 ½	145 ¼	26	2	

On peut coucher dans tous les endroits de cette route qui sont en lettres italiques.

REMARQUES.

ANCONA, port de mer aſſez commerçant, dont la ſituation eſt ſur le penchant d'une colline, & s'étend juſqu'au bord de la mer. Il y a ſur le môle un arc de Trajan, en marbre blanc, très bien conſervé : le port eſt beau & commode.

Entre Sinigaglia & Fano on entre dans le Duché d'Urbin, que l'on quitte à la Catolica, pour entrer dans la Romagne.

Près de Peſaro on voit ſur le ſommet d'une montagne la petite République de San-Marino.

Pour la deſcription de Bologne, voy. pag. 75.

Route de MODENE à PISE.	Postes.	Distance en milles anglois.	Temps en route.	OBSERVATIONS LOCALES.
			h. min.	
De MODENE à Formigine		$\frac{1}{4}$		Belle route faite depuis peu.
à S. Venanzio		$\frac{1}{4}$		
à Serra de' Marzoni		$\frac{1}{4}$		
à Paulo		$\frac{3}{4}$		On peut coucher ici
à Monte-Cenere	1			
à Barigazzo	1			
à Pieve-Pelago	1			
à Bosco-lungo	1			Premiere ville d. Toscane.
à Piano asina-tico		$\frac{2}{4}$		
à S. Marcello	1			
à le Piastre	1			
à Pistoia	1			
à Borgo-buggiano	1	$\frac{1}{2}$		Voy. le Supplément
à Lucca	2			
à PISA	2			
	16 $\frac{1}{4}$			

REMARQUES.

Lucques est une ville d'environ 25 mille ames, située dans une plaine agréable, bornée presque de tous côtés par des montagnes couvertes de châtaigniers. Ses remparts revêtus de briques, bien entretenus, & garnis d'une nombreuse artillerie toute de bronze, plantés d'arbres, & sur lesquels on peut faire le tour de la ville en moins d'une heure, font ce qu'elle offre de plus remarquable. On y montre un arsenal qui contient, dit-on, des armes pour 25,000 hommes.

Pise, belle & assez grande ville, avec une université célebre ; autrefois puissante république, & très florissante, aujourd'hui très dépeuplée, sur-tout depuis que les Grands Ducs de Toscane ont bâti Livourne : on y compte à peine 15 à 18 mille ames. L'*Arno*, sur lequel sont plusieurs beaux ponts, la traverse en longueur ; les quais de Pise sont les plus beaux que je connoisse en aucune ville de l'Europe. La cathédrale est magnifique, & accompagnée, comme celle de Florence, d'un baptistere & d'un *campanile* (clocher) qui en sont détachés. Ce *campanile* est une tour ronde, haute de 190 pieds, toute de marbre, ornée à l'extérieur de colonnades tournantes, au nombre de sept l'une au-dessus de l'autre, qui vont jusqu'aux trois quarts environ de sa hauteur ; l'escalier est tellement adouci, qu'on y pourroit monter à cheval : mais ce que cette tour a de plus remarquable, c'est qu'elle penche d'environ treize pieds, en jettant le plomb du sommet.

Les bains de Pise sont à quatre milles du centre de la ville, ou trois quarts d'heure de chemin en poste.

H iij *

De BOLOGNE à VENISE.	Postes.	Distance en milles anglois.	Temps en route. h. min.	OBSERVATIONS LOCALES.
De BOLOGNA à San Giorgio	1 ½	9	1 45	Avant d'arriver à Cento, on passe le *Reno* en bateau.
à *Cento*	1	8	1 30	
à San Carlo	1	7 ½	1 10	Pays plat, marécageux, mal cultivé.
à FERRARA (*a*)	1 ½	9	1 50	
à Rovigo	2	18	4 20	Aprés avoir quitté Ferrare, à 5 milles de cette ville, on passe le *Pô*, qui est fort large, en bateau; & à 9 milles du *Pô*, à Passo-Roferti, on passe en bateau le canal *Bianco*. A 3 milles de Rovigo, on passe l'*Adige*. Joli pays.

(*a*) Aux trois Maures.

On peut aller à Venise par eau, en s'embarquant à Francolino, à 5 milles de Ferrare : on fait son accord à Ferrare avec des mariniersqui vous fournissent une *Peota* pour l'équipage & les gens, à 7 sequins, & un *Burchiello* pour vous même, à 10 ou 12 sequins au plus; le voyage est d'environ 12 heures pour faire *80* milles. Il faut remarquer, que comme on quitte la poste à Francolino, on est obligé de payer poste & demie, suivant les regles établies dans presque tous les pays pour favoriser les postes.

REMARQUES.

Cento est le lieu de la naissance de *Guercino*, où l'on voit son plus beau tableau.

FERRARE, belle ville ; il y a une place magnifique & une bonne citadelle. ⸺ Un palais que l'on appelle le palais des *Diamants*, parce que les pierres de la façade en sont taillées en facettes ; c'est un très beau bâtiment qui appartenoit autrefois à la Maison d'*Est*, & est à présent au Marquis *Villa*. ⸺ Le palais du Marquis *Pallavicini*, autrefois Gouverneur de Milan. ⸺ *Arioste*, né & mort à Ferrare, a son tombeau aux Bénédictins.

De Bologne à Venise.	Postes.		Distance en milles angiois.	Temps en route.		Observations locales.
				h.	min.	
à Monfelice	2		15	2	20	De Padoue à Venife on va prefque toujours le long de la *Brenta*. Terrein très fertile.
à Padoua(*b*)	1	½	12	2		
al Dolo	1	½	10	1	45	
à Fufina	1	½	9	1	20	
à Venezia (*c*)			5	1	15	De Fufina à Venife on va en gondole pour 12 livres.
	13	½	102 ½	19	15	

La route par eau de Ferrare à Venife fe fait par le *Pô* ; de là par un canal dans l'*Adige*, & par un autre canal dans la *Brenta* & dans les Lagunes. A 25 milles de Venife on trouve *Chiozza*, à 10 milles *Malamocco*, & plufieurs autres petites ifles des Lagunes, avant que d'arriver à la capitale.

N. B. On n'eft jamais en pleine mer dans toute cette route.

(*a*) A l'Aigle d'or, bonne auberge.

(*b*) Chez *Bons Dary*, près le Rialto ; *Petrillo*, au Lion blanc ; aux trois Rois, &c.

REMARQUES.

Padoue, grande ville mal peuplée. L'Université a été bâtie par *Palladio*. L'églife de Saint Antoine, Patron de cette ville, eſt grande & belle. On fait voir ici une maifon que l'on nomme la maifon de Tite-Live, où il y a plufieurs inſcriptions ancien-nes = Eglife de *Santa Juſtina.*

Venise, l'une des plus belles villes du monde, & certainement la plus fingulière par fa fituation. On y compte 180,000 habi-tans. Elle eſt toute bâtie fur pilotis, au centre des Lagunes. Il y fait un commerce très floriſſant. Les beautés principales de Venife font la place Saint Marc & tous les bâtimens qui l'en-vironnent ; la vue du haut de la tour eſt admirable = Les quar-tiers appellés la *Merceria* & le *Rialto* ; les palais, d'une très belle architecture, de plufieurs Nobles, bâtis par *Palladio, Sanfovino,* l'arfenal de terre, l'arfenal de mer, la corderie, les galeres, les quatre chevaux de bronze doré, au deſſus du portail de S. Marc, qui furent donnés à Néron par Tiridate, tranfportés à Conftan-tinople par Conftantin, & apportés à Venife par les Vénitiens, lorfqu'ils pillerent Conftantinople. On doit voir auſſi les églifes de *San Giorgio,* le *Zitelle, Santa Maria della Carità,* il *Re-dentore,* toutes de *Palladio.* Il faut tâcher de fe trouver à Ve-nife à l'Afcenfion, pour y voir la cérémonie des époufailles de la mer par le Doge. Rien de plus agréable que la galere & les écotes de *Gala* des Miniftres étrangers qui acompagnent le *Bu-centaure* au *Lido* le matin, & vont le foir, en parade, aux cours de la *Zueca.*

Pour la commodité des amateurs d'architecture, voici en peu de mots les principaux édifices des trois grands maîtres, *Palladio, Sanfovino & Scamozzi,* auxquels on peut ajouter *San-Michieli.* On voit à Venife les églifes de *S. Giorgio Mag-giore,* il *Redentore,* le *Zitelle, Santa Lucia,* le palais *Tiepolo* vis-à-vis *Grimani,* & celui de *Balbi,* près le *Rio Fofcari,* tous ouvrages de Palladio. Le *Procuratie Nuove,* la *Zecca,* la *Li-*

De BOLOGNE à VENISE.	Postes.	Distance en milles anglois.	Temps en route.	OBSERVATIONS LOCALES.
			h. min.	

REMARQUES.

breria ; les palais *Cornaro*, grand canal, près St. Maurice, *Delfino*, riva di Biaggio ; les églises *S. Francesco della Vigna*, *S. Martino*, près l'arsenal ; *S. Geminiano*, place St. Marc ; le Sépulcre du Doge Venier, à *S. Salvador*; la *Scuola di S. Giovanni degli Schiavoni*, les *Incurables*, &c de SANSOVINO. Le troisieme ordre des *Procuratie Nuove*, le reste de la *Libreria di S. Marco*, le *Muséum*, & le monument du Doge *Nicolo da Ponte* dans l'église de *S. Maria della Carità* de SCAMOZZI. Les palais *Grimani* dans le grand canal, près St. Luc, & *Cornaro*, à S. Paolo, de S. MICHIELI ; & enfin les églises des *Scalzi* & de *la Salute*, & les palais *Pesaro* & *Rezzonico*, de *Baltasar Longhena*.

De VENISE à MILAN.	Postes.		Distance en milles anglois.		Temps en route.		OBSERVATIONS LOCALES.
					h.	min.	
De VENISE à Fusina			5		1		
al Dolo	1	½	11		1	30	
à PADOUA	1	½	11	½	1	40	Pays plat.
à la Slesiga	1		9	¾	1	40	Le pays commence
à VICENZA (a)	1		10	¼	2		ici à devenir inégal. Il
à Montebello	1		10	¼	1	30	est très agréable & très
à Caldiero	1	½	12		1	45	fertile. Il produit d'ex-
à VERONA (b)	1		8	½	1	30	cellent vin & beaucoup
à Castel nuovo	1	½	11	¾	1	45	de mûriers blancs.
à *Desenzano*	1	½	11	½	2	15	Le Véronese est un
al Ponte di San Marco	1		6	½	1	45	des pays les plus fertiles d'Italie ; abondant en
à BRESCIA (c)	1	½	9	½	1	30	bleds, vin, fruits, hui-
à l'Ospitaletto	1		8		1	30	le, bétail, &c.
à *Palazzuolo*	1	½	10		1	30	De Castel-nuovo à
à Cavernago	1		6		1	5	Brescia, la route étoit
à BERGAMO (d)	1		8	¼	1	20	extrêmement mauvaise
à Vaprio, *ou* la Canonica	1	½	11	¼	2		& raboteuse en 1778. Elle étoit fort bonne de Bergame à Milan.

De Bergamo à Vaprio on passe l'*Adda* en barque à la Canonica, où est une douane rigoureuse.

Le Bergamasque est un pays très peuplé & fertile. Les habitants y sont fort industrieux.

(*a*) A l'auberge du Chapeau rou-ge.

(*b*) Aux deux Tours, bonne au-berge.

(*c*) A la Tour.

(*d*) Au Phénix, ou à l'auberge royale.

REMARQUES.

VICENZA, ville très agréablement située. Les environs font les plus riants qu'on puisse imaginer. C'est la patrie de *Palladio*, dont on voit ici plusieurs beaux ouvrages ; entre autres la Maison de ville, le Théâtre Olympien, sur le plan & les proportions de Vitruve, & le modele des anciens théâtres. La *Rotonda*, *Villa* du Comte *Capra*, celle du Comte *Chiericato*, le palais *Capita-niato*, le palais *Triffino*. On voit aussi le palais *della Ragione*, des Comtes *Valmarana, de Tiene, Caldogno*, &c. l'arc du champ de Mars, le champ de Mars, & *Santa Maria del Monte*, d'où l'on a une très jolie vue de la campagne.

VERONE, joliment située sur l'*Adige* qui la traverse ; la Maison de ville est un bâtiment magnifique. Il y a plusieurs beaux restes de l'antiquité, entre autres l'*amphithéâtre* qui est parfaitement conservé, & dont on fait encore usage. Lorsque l'Empereur vint à Vérone en 1769, on le lui fit voir rempli, & l'on compte qu'il y avoit 22,000 personnes. A *S. Celfo* est un portrait de la famille Sainte, par *Raphaël* : l'église *San Giorgio*. === A *San Bernardino* on voit la chapelle de la famille *Pellegrini*, par *Michiel San-Michieli*, qui est un des plus jolis morceaux d'architecture en Italie. Cet architecte étoit égal à *Palladio*, & cependant est à peine connu. Il y a encore d'autres ouvrages d'architecture à Verone, par *Michiel San-Michieli*, entre autres la Porte *Stupa* & les palais *Canoffa, Verzi, Bevilacqua, Pompei & Pellegrini*.

BRESCIA est grande & bien peuplée, avec une bonne citadelle, mais il n'y a rien de remarquable ; elle est située dans une plaine agréable sur le *Garza*.

De VENISE à MILAN.	Postes.	Distance en milles anglois.	Temps en route.	OBSERVATIONS LOCALES.
			h. min.	
al Colomba-rolo	1	10	1　5	
à MILANO (c)	1 $\frac{1}{2}$	10 $\frac{3}{4}$	1　30	
	22 $\frac{1}{2}$	183	29　50	

(c) Au Puits, &
aux trois Rois;
mais la meilleure
de toutes est l'Au-
berge royale.

REMARQUES.

MILAN est la plus grande ville d'Italie après **Rome**; on y compte environ 140,000 habitants. La cathédrale, d'un goût gothique, n'est pas encore achevée, quoiqu'il y ait plus de trois siècles qu'elle soit commencée. Les ornements en sont parfaitement bien finis. On y voit la chapelle de St. Charles Boromée, toute en argent ciselé; & le corps de S. Charles dans un sépulcre de crystal de roche, monté en argent, le tout d'une magnificence extrême. Du haut des tours, on découvre une vue extrèmement étendue de la belle & immense plaine de la Lombardie & des Alpes. Il y a à Milan une belle bibliothèque publique, appellée Ambroisienne. A *Santa Maria delle Grazie* se voit le beau tableau de la *Cene*, par *Léonard de Vinci*. Une partie des ruines du temple d'*Hercule*, bâti l'an 286, par *Maximien*, forme le portique de l'église de St. Laurent, *Porta Ticinese*. A 2 milles de Milan, est l'écho *Simoneta* qui répete jusqu'à 40 fois.

De MILAN à TURIN.	Postes.	Distance en milles anglois.	Temps en route.	OBSERVATIONS LOCALES.
			h. min.	
De MILAN à San Pietro l'Olmo	1	9	1 25	On passe en bateau! *Tésin*, qui est quelque fois fort enflé & difficile à passer.
à Buffalora	1	9	1 25	à passer.
à NOVARA (*a*)	1	10	2 15	Novare, petite ville
à VERCELLI (*b*)	1 ½	14	2 15	d'un mille & demi à
à S. Germano	1	9	1 20	tour sur les remparts.
à Ziano	1 ½	14	2	Avant d'arriver à Ver-
à *Chivasco* (*c*)	1 ½	13	2	celli, on passe la Sés
à Settimo	1	7	1 15	à gué, ou en bateau
à Turin (*d*)	1	8	1 15	lorsqu'elle est enflée.
	10 ½	93	15 10	Toute cette partie de la Lombardie est une plaine très riche & très fertile.

(*a*) Aux trois Rois, auberge médiocre.
(*b*) Aux trois Rois, bonne auberge.
(*c*) Aux trois Rois, hors de la ville, du côté de Turin.
(*d*) A l'Auberge royale.

A 8 milles de Chivasco on passe la *Doria-Baltea* sur un pont volant à un mille plus *loin*, le *Molone* sur un pont fixe, à moins qu'il ne soit débordé.

REMARQUES.

Le nouveau théâtre est fort commode & fort beau ; l'observatoire est l'un des mieux entretenus qu'il y ait en Europe. Le palais de l'Archiduc est élégamment orné & meublé ; & la salle du bal, sur-tout, est une des plus belles en Europe.

TURIN, l'une des plus jolies villes de l'Europe, bien bâtie ; ses rues sont très bien percées : celle du *Pô*, tirée au cordeau, avec des portiques, a 400 toises de longueur. On y compte environ 80,000 ames. Cette ville est au pied des Alpes, dans une plaine charmante arrosée par le Pô. La citadelle est la mieux fortifiée de l'Europe ; les fortifications de la ville sont très régulieres & très bonnes ; les mines & les souterrains sont fort avancés dans la campagne. Turin a 3 milles de tour sur le rempart ; le palais & les bâtiments qui le joignent sont d'une architecture simple & noble. La galerie du palais contient un choix de tableaux des plus grands Maîtres, qui ne le cede à aucune collection. Le théâtre est un des plus grands & des plus beaux qu'il y ait en Europe ; il a 96 pieds anglois de large, dont 36 derriere les coulisses, & 116 de longueur. Cette ville, qui est plate, est entretenue dans une grande propreté, par le moyen des eaux qu'on y fait couler, quand on veut la néttoyer. Il faut voir l'Université, la Bibliotheque ; & aux environs, la *Vénerie*, *Montcallier*, là *Superga*, la *Vigne-la-Reine*, les Capucins.

De MILAN aux Isles Boromées & au lac de Como.	Postes.	Distance en milles anglois.	Temps en route.		OBSERVATIONS LOCALES.
			h.	min.	
De MILAN à Serono		15	3		A Varese est une très jolie maison de plai-
à Tradate		8	1	45	sance de l'Archiduc Fer-
à Varese (a)		9	2		dinand.
à Laveno		14	3	30	Ceux qui vont de Mi-
à l'*Isola-Bella*		5	1	15	lan à Turin, peuvent
à l'*Isola-Madre*		1		15	s'embarquer à Laveno
à Laveno		5	1		pour Arona, & voir les
à Varese		14	3		Isles *Boromées*, en pas-
à COMO		15	5	30	sant le Lac-majeur. Il
à MILAN		25	7		n'y a que 10 milles de
		111	28	15	l'Isola-Bella à Arona;

(a) A l'Etoile.

& de là à Novara. 24 milles de bons chemins; au lieu qu'on a plus de 40 milles à faire pour aller de Laveno à No- vara par Varese & Sesto; & le *Tesin*, qui est sou- vent enflé, à passer.

REMARQUES.

Les Isles *Boromées*, à 50 milles de MILAN, méritent bien qu'on aille les voir ; elles sont situées dans le Lac-majeur, & sont d'un agrément qui peut aider à comprendre tout ce que les Poëtes chantent des Isles de Calypso & d'Armide. L'*Isola-Madre* est la plus grande & la plus champêtre ; l'*Isola-Bella* est petite, mais très ornée : le château en est magnifique & commode ; & les jardins & les terrasses, couvertes d'orangers & de citronniers, forment un effet très agréable, sur-tout à l'abord de l'Isle, du côté des terrasses.

Le lac de Come est le plus agréable de tous ceux qui sont au pied des Alpes, en Lombardie. A environ 16 milles de la ville de Come, sur ce lac, est la fontaine dont Pline dit qu'elle a un flux & reflux comme la mer.

De TURIN à GENEVE.	Poftes.	Diftance en milles anglois.	Temps en route.	OBSERVATIONS LOCALES.
			h. min.	
De TURIN (a) à Rivoli	1 ¼	8	4 30	On trouve un beau chemin plat jufqu'a Suze; mais on quitte la plaine à Rivoli, & la vallée va toujours fe rétreciffant.
à S. *Ambroife*	1 ¼	½		
à la Zaconie-re	1	6 ¼	4 30	
à *Suze*	1 ½	9 ½		
à la Novaleze	1	5 ½	2	On commence à monter en porteurs à la Novaleze.
à la Gran-de-Croix		6 ½	2 10	
à l'Hôpi-tal	1 ½	1 ¾		L'Hôpital eft au fommet du Mont-Cenis, on s'arrête près de là, à un cabaret, pour repofer les porteurs.
aux petites Ta-vernes		¾	37	
à *Lannebourg*	1	5	30	A Lannebourg on reprend fa chaife, fi les neiges le permettent.
à Bramens	1 ½	8	2 30	
à Villarodin	1	3 ½	1 15	Lorfque la montagne eft couverte de neige, on defcend, fur un traîneau, en 10 ou 12 minutes, à Lannebourg; c'eft ce que l'on appelle le faire *ramaffer*: on eft 2 heures à la monter.
à *Modane*	1	2 ½	1	
à S. André	1	3 ½	1 10	
à S. Michel	1 ½	8	2 50	
à *St. Jean de Maurien-ne* (b)	1 ½	8	2 10	
à la Chambre*	1	7 ¾	2	

(Mont-Cenis : groupe depuis « à la Grande-Croix » jusqu'à « aux petites Tavernes ».)

(a) A l'Auberge royale. A l'Hôtel d'Angleterre.

(b) A S. George, bonne auberge.

* On peut y coucher.

REMARQUES.

De Turin à Lyon, on va presque aussi vîte avec les voituriers qu'en poste ; sur-tout si l'on a besoin de plus de cinq ou six chevaux, car on n'en trouve pas davantage à chaque poste. Mais si l'on a moins de six chevaux, on peut aller en poste ; on est moins de temps sur la route, on choisit les auberges où l'on veut s'arrêter ; & quoiqu'il en coûte peut-être davantage que par les voituriers, on parcourt les Alpes plus vîte & plus agréablement.

En partant de Turin pour Lyon, il est mieux d'aller dîner à Saint Antonin, à 4 milles de Saint Ambroise ; il y a une très bonne auberge, aux trois Couronnes, & les environs en sont charmants.

De la vallée de Suze, se voit la Roche-Melon, la plus haute montagne de cette partie des Alpes, d'où se découvre Milan & presque toute la Lombardie.

De Suze à la Novaleze, on a une montée & une descente fort rudes, près du fameux fort de *la Brunette* ; & de là on va toujours en montant.

De la Novaleze à Lannebourg, on passe le Mont-Cenis en porteurs, ou sur des mulets ; il y a à présent des chaises couvertes de toile cirée. Les réglements pour le passage de la montagne sont si bien établis, que l'on ne peut point en imposer aux étrangers, qui ont la ressource de s'adresser au Syndic de Lannebourg ou de la Novaleze, & d'examiner les différents réglements.

En allant de la Novaleze au haut du Mont-Cenis, on voit de très belles cascades formées par le torrent de *Cenis*, qui sort du lac de ce nom, & va se jetter dans la Doria, à Suze.

Entre Bramens & Villarodin, on passe près des plus hauts précipices, parmi des montagnes couvertes de pins, de larix, &c.

De TURIN à GENEVE.	Postes.	Distance en milles anglois.	Temps en route.	OBSERVATIONS LOCALES.
			h. min.	
à Erpierre	1	7 ¼	2	A Aiguebelle, les Alpes commencent à baisser; les environs de ce lieu sont charmants. A un mille & demi, avant d'arriver à Montmelian, est le village de Planese, où l'on seroit assez mal couché, mais où l'on peut dîner plus agréablement qu'à Montmelian, à cause des jolies promenades qui conduisent au château du Comte de *S. Pierre*, & de la vue magnifique qu'offrent les montagnes voisines, dont quelques unes sont ornées de bois charmants, d'autres couvertes de neige, & forment un contraste parfait avec une vallée fertile, arrosée par l'Isere, & des rochers arides qui vont se perdre dans les nues.
à *Aiguebelle* (c)	1	7	1 50	
à Mal-Taverne	1			
à Montmélian	1	14 ½	4	
à CHAMBERY *	1 ½	9	2 30	
à Aix-les-Bains	1	6 ½	1 55	
à Remilly	1 ½	11	3	
à Frangy	2	14	4	
à GENEVE (d)	2 ½	15	5	
	29 ½	169 ¾	51 27	

(c) A la Poste, bonne auberge.

* Saint Jean-Baptiste.

(d) Aux Balances, très bonne auberge.

REMARQUES.

De Bramens à Saint André, se voyent les montagnes les plus hautes des Alpes qui se trouvent sur cette route : la plus haute de toutes les Alpes, est le Mont-Blanc, qui touche au pays d'Aoste, au Valais & au Faucigny: elle a été mesurée par M. *du Luc*, & est de 2400 toises (ou 3 milles, moins 75 toises). Le Mont-Blanc ne se voit point d'aucune partie de la route de Chambery à Turin.

Saint Jean de Maurienne est la plus grande ville de cette route, après Chambery ; c'étoit autrefois la résidence des Comtes de ce pays : sa situation est au milieu des plus grandes Alpes, & dans une vallée assez large, quoique moins que celles de Chambery & de la Chambre.

A 2 ou 3 milles en deçà d'Aiguebelle, est une jolie maison de plaisance de l'Evêque de St. Jean de Maurienne, située sur la pointe d'une colline, près de l'Arc.

A environ 3 milles de Montmélian, & 7 de Chambery, sur la gauche, est situé avantageusement, sur une éminence, le château des *Marches*, appartenant au Marquis *de Bellegarde*.

De Lannebourg à Montmélian, on va presque toujours à côté de l'*Arche*, riviere qui prend sa source au mont Iseran, & se jette dans l'*Isere*, près de Montmélian.

CHAMBERY, ville assez mal bâtie, mais agréablement située dans une vallée large & charmante, où se voit la plus grande variété d'objets qu'une belle campagne & les Alpes puissent présenter à la vue ; plaines, éminences, collines, rochers, montagnes, bois, vignobles, prairies, terres labourables, maisons de campagne, châteaux, couvents, villages, & une assez grande ville ; enfin la perspective la plus complete qui puisse s'imaginer.

GENEVE, très bien située sur le bord du lac de ce nom, dont

De TURIN à GENÈVE.	Postes.	Distance en milles anglois.	Temps en route.	OBSERVATIONS LOCALES.
			h. min.	

REMARQUES.

elle embrasse une des extrémités, est bâtie sur plusieurs hauteurs, ce qui la rend très inégale : les environs en sont charmants ; elle est assez bien fortifiée, en partie par M. *de la Roque* ; mais elle est commandée par une hauteur voisine : elle contient 25 à 30 mille ames.

De CHAMBERY à LYON.	Poſtes.	Diſtance en milles anglois.	Temps en route.	OBSERVATIONS LOCALES.
			h. min.	
	De Turin à Cham-bery	123 ¾		
De CHAMBERY à S. Jean-des-Coups	1	6	1 45	Aux Echelles, on ſort des Alpes ; mais de là au Pont-Beauvoiſin, on va le long d'un précipi-ce heureuſement muni depuis peu de garde-foux.
aux Echelles	1	8	3	
au Pont-Beauvoiſin (a)	1 ½	9 ½	2 50	
au Gas	1	6 ¼	1 25	
à la Tour-du-Pin (b)	1	5 ¼	1 5	Près des Echelles, eſt le fameux chemin ap-pellé de *la Grotte*, fait par Charles-Emmanuel II, en 1670 : on y voit une fort belle inſcrip-tion ſur cette entrepriſe.
à Bourgoin	2	9	2 20	
à la Verpiliére	1 ½	7 ½	1 40	
à St. Laurent des Mures	1 ½	7	1 37	
à Bron	1	5	1 12	
à LYON	1	6	1 25	De la Tour-du-Pin à Lyon, le chemin eſt fort beau & preſque tou-jours plat.
	12 ½	193 ¼	18 19	

(a) Aux trois Couronnes.

(b) Au Palais Royal, miſérable auberge.

REMARQUES.

Pont-Beauvoisin est la premiere ville de France ; le chemin de là à Lyon est fort uni, il y a peu à monter & à descendre.

De Geneve à Schaffhausen.	Poſtes.	Diſtance en milles anglois.	Temps en route.		Observations locales.
			h. min.		
De Gene- ve à Verſoy	Il n'y a point de poſtes é- tablies en Suiſſe: on prend des chevaux à Baſle, pour Mumpf, où eſt la poſte.	5	1		On voyage ici ſur les bords du lac de Geneve.
à Coppet		3		40	
à Nyon		5	1		C'eſt ici le pays ap- pellé *la Côte*, très fer- tile en tout.
à Roll (*a*)		7 ½	1	30	
à Morges		9	2		
à Lausan- ne		8	2		
à *Moudon*		14	4	30	De Moudon à Payern on paſſe le Mont-Jura, ſans quitter ſa chaiſe.
à *Payern*		11 ½	3	15	
à Avenches		6	1	30	Entre Morat & Berne on dîne à Gumen, à ; lieues de Berne.
à *Morat*		5	1	15	
à Berne (*b*)		17	4	20	Avant d'arriver à So- leure, on monte une haute montagne.
à Soleure (*c*)		20	4	50	
à Lanbrugh		21	5	20	
à Basle (*d*)		20	5		
à Rheinfeld		12 ½	2	10	Les chemins ſont mau- vais, & les poſtillons vous font attendre trois quarts d'heure, avant que de vous donner des chevaux.
à Mumpf		8	1	30	
à Lawenburg	1	9	1	35	Tout ce pays eſt coupé de bois & de collines.

(*a*) A la Tête noire, bonne auberge.

(*b*) Il y a deux
bonnes auberges,
le Faucon & la
Couronne.

(*c*) La Tour
rouge.

(*d*) Aux trois
Rois, excellente
auberge.

REMARQUES.

Verſoy eſt un établiſſement que la France a eu deſſein de faire pour y attirer le commerce de Geneve ; mais, en 1770, il n'y avoit pas une rue de finie.

Depuis GENEVE juſqu'à BASLE, on trouve de beaux chemins, de bonnes auberges : des gens qui ont l'air content, pas une perſonne en guenilles, pas une maiſon délabrée.

LAUSANNE eſt la capitale du pays de Vaud ; les édifices publics y ſont aſſez beaux : elle eſt à demi-lieue du lac de Geneve.

BERNE, bien bâtie, propre, bien pavée, fortifiée ; les rues ont des arcades.

BASLE eſt ſituée dans un terrein fertile & agréable, ſur le Rhin. Elle eſt commerçante, riche & bien peuplée.

Pour arriver à Lauchingen, on paſſe la riviere *Watta* à gué, n'y ayant ni pont ni bateau. Nous y paſſâmes dans une nuit fort obſcure, au haſard de périr, pour avoir ignoré, le matin en partant, cette circonſtance.

Un mille avant que d'arriver à SCHAFFOUSE, on prend à droite pour aller voir la fameuſe caſcade formée par la chûte du Rhin, qui eſt la plus conſidérable en Europe.

De GENEVE à SCHAFFHAUSEN.	Postes.	Distance en milles anglois.	Temps en route.	OBSERVATIONS LOCALES
			h. min.	
à Lauchin-gen (e)	1 ½	19	3 40	
à SCHAFF-HAUSEN	1 ½	20	4 20	
	4	220 ½	51 25	

(e) Très mau-vaise auberge.

REMARQUES.

SCHAFFOUSE est une belle & forte ville de la Suisse. Il y a deux ou trois temples, une horloge curieuse & un beau pont sur le Rhin.

De SCHAFF-HAUSEN à MUNICH.	Postes.		Distance en milles anglois.	Temps en route.		OBSERVATIONS LOCALES.
				h.	min.	
De SCHAFF-HAUSEN à Singen	1		12	4		
à *Stockach*	1		12	4	5	A Stockach, on entre dans la grande route.
à *Melkirch*	1		15	3		
à Mengen	1		14	3		
à Riedlingen	1		15	2	30	Pays de bled & de biere: on n'y recueille point de vin, que l'on fait venir de la Suisse par le Rhin.
à *Ehingen* (a)	1 ½		19	3	45	
à ULM (b)	1 ½		17	4	20	
à *Güntsburg*	1 ½		19	3	15	
à Sumerhau-fen	1	½	22	4	50	Plaines fertiles, gras pâturages, forêts bien fournies de gibier.
à AUGS-BOURG (c)	1	½	23	5		
à Eversberg	1	¼	10	2		
à Schwab-hausen	1	½	15	3		
à MUNICH	1	½	17	3	10	Les chemins sont assez beaux entre Augsbourg & Munich.
	16	¼	210	45	55	

(a) Bonne auberge.
(b) Au Griffon d'or.
‡ (c) Au Cheval blanc.‡

REMARQUES.

ULM, ville impériale, située sur le Danube, riche & bien peuplée. La maison de ville est un beau bâtiment. ▬ L'église de Notre-Dame est très grande & bien bâtie.

AUGSBOURG, belle & fameuse ville, environnée de belles plaines; elle est très bien policée : l'hôtel-de-ville est magnifique, la façade sur-tout. Au second étage est une salle fort spacieuse, dont le plafond n'est ni voûté ni soutenu de piliers. Les habitants sont moitié Luthériens, & moitié Catholiques Romains C'est la patrie du célebre *Brucker*, que j'y ai vu en 1770.

MUNICH, ville grande & bien bâtie: le palais de l'Electeur est magnifique, ainsi que le théâtre de la Cour, qui est ouvert gratis pour la Noblesse & les Etrangers. Les rues sont belles. Cette ville est située sur l'Iser.

K

De Munich à Vienne.	Postes.	Distance en milles anglois.	Temps en route.	Observations locales.
			h. min.	
De Munich à Anzing	1 $\frac{1}{2}$	16	2 40	Pays aſſez fertile & bien cultivé, & cependant pauvre, faute de commerce.
à Haag	1 $\frac{1}{2}$	18	3 20	
à Hamp-ſing	1 $\frac{1}{2}$	16	2 45	
à Altenoe-ting	1 $\frac{1}{2}$	15	2 30	
à Marckt	1 $\frac{1}{2}$	16	3 15	
à Braunau	1	13	2 30	
à Altheim	1	13	2 20	
à Riet	1 $\frac{1}{2}$	18	3	A Unterhaag, on entre dans les Etats de la Maiſon d'Autriche, où l'on trouve de très beaux chemins, & où les poſtes ſont mieux ſervies.
à Unter-haag	1	11	1 45	
à Lambach	1 $\frac{1}{2}$	16	3 15	
à *Wels*	1	10	1 40	
à Lintz	2	21	2 55	
à Enns	1 $\frac{1}{2}$	15	2 20	
à Stren-berg	1	13	1 50	
à Amſtet-ten	1 $\frac{1}{2}$	15	2 10	
à Kemmel-bach	1	10 $\frac{1}{2}$	1 40	
à Melck	1 $\frac{1}{2}$	13	2	
à S. Polten	1 $\frac{1}{2}$	16	2 40	
à *Perſling*	1	10	1 35	
à Sigartſ-kirch	1	12	1 25	
à Purker-dorf	1	9	1 25	

REMARQUES.

BRAUNAU eſt une ville très bien fortifiée, ſur le bord de l'Inn.

LINTZ eſt une aſſez belle ville, capitale de la haute Autriche. Il y a quelques beaux édifices, beaucoup de Nobleſſe, & un commerce intérieur conſidérable. ⸺ Elle eſt ſituée ſur le Danube.

MELCK eſt un couvent ſuperbe de Bénédictins; la façade du bâtiment a plus de 80 fenêtres.

De MUNICH à VIENNE.	Postes.	Distance en milles anglois.	Temps en route.	OBSERVATIONS LOCALES.
			h min.	
VIENNE (a)	1	9	1 30	
	28 $\frac{1}{2}$	305 $\frac{1}{2}$	50 30	

(a) Les auberges sont fort mauvaises à Vienne ; il faut se pourvoir d'un appartement garni, quand on doit y rester quelque temps.

REMARQUES.

VIENNE, située au confluent du Danube & de la Vienne, belle & bien fortifiée : la ville n'a que 3 milles de tour ; mais avec les fauxbourgs, elle fait un tout considérable, & contient 210 mille ames. Les plus beaux édifices publics sont le palais, la cathédrale de Saint Etienne, & le clocher ; le vase de la bibliotheque, & l'arsenal qui peut fournir des armes à 100 mille hommes, & trois remontes d'artillerie, sans compter d'autres arsenaux dans les Etats de la Maison d'Autriche. Les curiosités sont la galerie impériale des tableaux, le trésor, les pierres gravées, les diamants, les beaux tableaux de *Correge* dans le trésor, le cabinet des médailles antiques & modernes, le recueil de toutes les monnoies du monde, le cabinet d'histoire naturelle. ⸺ Le cabinet & la bibliotheque des Jésuites. ⸺ Le cabinet de médailles de feu M. *France*. ⸺ Le cabinet, les tableaux, la maison du Prince *Lichtenstein* ; le manege, à double galerie, d'ordre composé. Camée d'Alexandre, par *Pyrgoteles,* donné par l'Electeur de Mayence à son neveu, le Comte de Schoenbrun : le *Prater*, promenade ; les jardins de *Schoenburn.*

La plus belle fête que j'aie jamais vue, c'est celle que l'Impératrice donna à Vienne, au temps de la réunion de toute sa famille. Le Grand-Duc étoit venu la voir ; le Prince Charles recevoit l'Archiduc Maximilien Coadjuteur de l'Ordre Teutonique. L'Impératrice donna un bal masqué public, au *Belveder,* maison du Prince Eugene, à laquelle on avoit ajouté une galerie de 400 pieds, éclairée de 7,200 bougies : la façade du dehors de cette galerie étoit illuminée par 250 mille lampions ; il y avoit 18 mille bougies dans l'intérieur du palais. La compagnie étoit au nombre de 7 mille personnes : tout s'y passa sans le moindre désordre. Il y avoit un souper ordonné pour 10 mille personnes : médecins, chirurgiens, sages-femmes, lits tout prêts en cas d'accidents.

Je ne puis quitter Vienne sans dire que c'est une des Cours

De Munich à Vienne.	Postes.	Distance en milles anglois	Temps en route. h. min.	Observations locales.

REMARQUES.

de l'Europe où la fociété eft fur le meilleur pied : la Cour
y eft très affable ; la Nobleffe, les Dames fur tout y font
l'accueil le plus civil aux étrangers. Les Miniftres y tiennent
un très grand état de maifon, & font, on ne peut mieux,
les honneurs du pays.

De VIENNE à PRESBOURG.	Postes.	Distance en milles anglois.	Temps en route.	OBSERVATIONS LOCALES.
			h. min.	
De VIENNE à Fifchamet	2	15	2 15	
à Teufch-Altenburg	1 $\frac{1}{2}$	14	2	
à PRESBOURG	1	12	1 50	Presbourg eft fur le Danube, dans un pays abondant en vin & en bétail.
	4 $\frac{1}{2}$	41	6 5	

REMARQUES.

PRESBOURG, capitale de la haute Hongrie, fur le Danube, avec un très beau château, dans une fituation fort élevée, qui fert de réfidence à l'Archiducheffe Marie-Chriftine & à fon mari le Prince Albert de Saxe, Duc de Tefchen, qui y tiennent une Cour brillante & nombreufe. Le Danube eft très large & très rapide vis-à-vis de cette ville ; on le paffe fur un beau pont de bateaux en été ; mais quand l'hiver approche, on retire le pont & l'on fait ufage d'un pont volant, compofé de deux bateaux fort larges joints enfemble, lequel fe gliffe le long d'une corde tendue dans la largeur du Danube, & forme un pont très fûr.

De VIENNE à ESTERHAZ.	Postes.	Distance en milles anglois.	Temps en route.		OBSERVATIONS LOCALES.
			h.	min.	
De VIENNE à Hochau	1	13	1	45	
à Windtpaf-ſing	1	13	1	20	
à Hoeffling	1	10	1	5	
à Edinburg	1	12	1	30	
à Shuttern ou à Szeplack ou Eſterhaʒ	1 ½	12	2		
	5 ½	60	7	40	
On revient D'ESTERHAZ par une autre route, en allant					
D'Eſterhaʒ à Edinburg	1 ½	12	2		
à Eiſenſtatt	1	9	1	30	Eiſenſtatt appartien au Prince Eſterhazi, qu y tient garniſon.
à Wintdpaf-ſing	1 ½	12	1	57	
à Hochau	1	13	1	25	
à VIENNE	1	13	1	50	
	6	59	8	42	

REMARQUES.

Eſterhaʒ eſt la maiſon de plaiſance du Prince Eſterhaſi, l'un des plus grands Seigneurs de l'Europe, qui ne ſont pas Souverains. Il a un camp de 200 hommes devant ſon château, une troupe de comédiens allemands, un opéra italien, une bande de muſique toujours à ſes gages. Il donna un bal & un ſouper à l'Impératrice, à Kitſée, près de Presbourg, le 21 Juillet 1770, où cinquante de ſes gardes ſervoient en uniformes brodés, magnifiques. Le château d'*Eſterhaʒ*, ou de *Sʒeplack*, eſt ſuperbe; & les jardins ou promenades, dans le bois, ſont extrêmement agréables.

De VIENNE à PRAGUE.	Postes.	Distance en milles anglois.	Temps en route.		OBSERVATIONS LOCALES.
			h.	min.	
De VIENNE à Enzersdorf	1	8	1	15	La route de Vienne à Prague est fort belle, comme le sont tous les chemins des Etats de la Maison d'Autriche.
à Stokerau	1	10	1	40	
à Malbern	1	8	1		
à Holabrunn	1	10	1	30	La partie de la Moravie & de la Bohème que l'on traverse ici, offre un pays bien cultivé, des petites collines, des vallons fertiles, des bois, des terres labourées.
à *Iezelzdorf*	1	10	2	15	
à Znaym	1	10	2	40	
à Freynersdorf	1	10	2		
à Budwitz	1	10	1	50	
à Schlettau	1	12	2		
à *Stannern*	1	12	2	45	
à *Iglaw*	1	10	1	40	Les villes sont bien bâties, sur-tout Iglaw, & paroissent fort peuplées.
à Teutschbrod	1 ½	15	2	15	
à Steinsdorf	1	8	1	5	
à Ienichau	1	9	1	20	On cultive beaucoup de lin en Moravie, ce qui donne un joli coup d'œil à la campagne, lorsqu'il est en fleur.
à Czaslau	1	10	1	30	
à *Kolin*	1	12	2	30	
à Planian	1	9	1	25	
à Bœmischbrod	1	9	1	25	
à Biegowitz	1	10	1	40	
à PRAGUE	1	11	2		
	20 ½	203	35	45	

REMARQUES.

La Moravie a titre de Marquifat, & eft annexée à la Boheme. Ces deux contrées font très fertiles & très bien cultivées : il y croît du bled, du houblon, dont on fait d'excellente biere, fur-tout en Boheme. Ce royaume produit auffi du fafran ; il s'y trouve des mines d'argent, d'étain & de plomb ; des diamants, & quelques pierres précieufes très dures & très eftimées, telles que le grenat qui eft plus dur que le grenat fyrien.

La Langue efclavonne fe parle en Moravie, en Boheme ; elle a un mélange d'Allemand.

Le gibier eft tellement abondant en Boheme, que dans une chaffe que fit l'Empereur François I, fur une des terres du Prince *Colloredo*, en 1753, vingt-trois chaffeurs, en dix-huit jours, tuerent 47,950 pieces de gibier, dont 18,243 lievres, 19,545 perdrix, 9,499 faifans, &c. Il y eut 116,209 coups de tirés. Je tiens cette note du Prince *Colloredo* même.

A Kolin, s'eft donnée la bataille par laquelle le Maréchal Daun délivra Prague, & obligea le Roi de Pruffe à fe retirer.

Prague, belle & grande ville : il y a beaucoup d'édifices magnifiques, entre autres le palais des Rois, la maifon de ville, les hôtels *Lobkowitz*, *Tfchernin*, &c. Ce dernier a un peu de l'apparence du palais du Roi de Naples. L'Univerfité, fondée en 1547, eft très célebre ; il y a 6,000 étudiants ; on y en comptoit 30,000 dans le fei-

De VIENNE à PRAGUE.	Poftes.	Diftance en milles anglois.	Temps en route. h. min.	OBSERVATIONS LOCALES.

REMARQUES.

zieme fiecle : le college des Jéfuites eft très beau. Le pont
eft un des plus beaux du monde; il a 1700 pieds de long,
& 24 arches, fur la Mulde ou Moldau, qui fe jette dans
l'Elbe. La vieille ville eft fur une montagne, & la ville
neuve eft dans la plaine. Cette derniere a beaucoup fouffert
par le fiege que le Roi de Pruffe mit devant Prague, en
1744. Environ 80,000 ames.

De PRAGUE à LEIPSICK.	Postes.	Distance en milles anglois.	Temps en route.	OBSERVATIONS LOCALES.
			h. min.	
De PRAGUE à Tursklaw	1	10	2	
à Welbern	1	10	2 45	
à Budin	1 $\frac{1}{2}$	14	3 20	
à *Lowositz*	1	12	3	
à *Aussig* (a)	1 $\frac{1}{2}$	16	4 20	
à Peterswald	1	10	3 30	
à Ziehst	1	10	3 30	
à DRESDE (b)	2	14	3 15	
à MEISSEN	1 $\frac{1}{2}$	16	4 15	
à *Stauchitz* (c)	1 $\frac{1}{4}$	15	5	
à Wermsdorf	1 $\frac{1}{4}$	14	3 25	
à Wurtzen	1	10	2 30	
à LEIPSICK	1 $\frac{1}{2}$	15	3 50	
	16 $\frac{1}{2}$	166	44 40	

(a) Bonne auberge.

(b) A l'Hôtel de Pologne, excellente auberge.

(c) Assez bonne auberge.

OBSERVATIONS LOCALES.

Cette partie de la Boheme est moins riante que de l'autre côté de Prague ; elle est aussi moins peuplée : on y voit peu de villages, peu de bois.

Mauvais chemins dans cette route de Lowositz à Aussig. On est fort cahoté sur un très mauvais chemin sur le côté de la montagne, ayant l'Elbe à droite.

D'Aussig à Peterswald on passe une haute montagne ; & jusqu'à Dresde, on ne va guères que le pas.

A Stauchitz, mauvais chemins : pays de sable.

A un mille de Wurtzen on passe la Mulde en bateau.

Aux environs de Leipsick, le pays est plus & bien cultivé.

REMARQUES.

DRESDE, belle & grande ville, capitale de l'Electorat de Saxe, sur l'Elbe, qui la divise en deux villes. Il y a un pont de 910 pieds de long, beaucoup d'edifices magnifiques, entre autres le palais de l'Electeur, le *Zwinger*, le palais Indien, celui du Comte Brühl. On voit entre autres choses remarquables le tréfor, la bibliotheque, le cabinet d'histoire naturelle, & sur-tout la galerie des tableaux, l'une des plus belles collections en Europe. Au *Gros-Garten* à un mille de la ville, est la galerie des statues, où se trouvent de très beaux fragments, entre autres un de *Lysippe*. On voyoit encore en 1771 des traces du ravage qu'avoit causé le siege de 1760, par le Roi de Prusse, à cette ville. On y compte environ 110 mille ames.

MEISSEN, bien situé dans un pays agréable, rempli de vignobles. C'est ici que se fabrique à présent la belle porcelaine de Saxe. Il y a plus de 700 ouvriers, quoique le Roi de Prusse ait fait transporter les meilleurs à Berlin, lorsqu'il étoit maitre de l'Electorat.

LEIPSICK, riche & grande ville, avec Université célebre, fondée en 1409. C'est la patrie du célebre *Leibnitz*. Il s'y fait un grand commerce, & s'y tient des foires célebres. Elle se gouverne par ses propres loix, mais depend de l'Electeur de Saxe. Elle est dans une plaine entre la Saale & la Muldaw, au confluent de plusieurs petites rivieres. On y voit une fort belle eglise de Saint Nicolas. Vers la Saint Michel, il se vend dans cette ville pour plus de 80,000 livres d'alouettes. On voit une quantité prodigieuse de rossignols au bois de Rosendhall, près de cette ville. On y compte environ 110 mille ames.

De LEIPSICK à BERLIN.	Postes.	Distance en milles ang'ois.	Temps en route.	OBSERVATIONS LOCALES.
			h. min.	
De LEIPSICK à Duben	2	22	5 40	On passe l'*Elbe* e
à *Wittemberg* (a)	2	24	5 15	bateau, près de Witten berg.
à Treven-briezen	2	24	6	Pays plat, beaucou de bois & de sables.
à Beelitz	1	12	2 45	
à POTZDAM (b)	1	12	2 50	Chemins pesants l
à BERLIN	2	20	3 30	sablonneux.
	10	114	26	

(a) Bonne auberge.

(b) Belles auberges, mais mauvaises.

REMARQUES.

Wittemberg est une petite ville, mais qui est devenue fameuse par le séjour de *Luther* & de *Melanchthon.* Ce fut là où Luther commença la Réformation : on voit son tombeau dans l'église du château, sous un des carreaux de marbre. On y voit aussi celui de Melanchthon.

Potzdam, ville où réside le Roi de Prusse, la plus grande partie de l'année : le feu Roi, & celui-ci sur-tout, y ont élevé des bâtimens magnifiques. Parmi les plus remarquables, sont le château royal, l'église de la garnison, le fameux château de *Sans-Souci,* où le présent Roi a déployé la plus grande magnificence, & a fait une superbe collection de tableaux ; le nouveau château, à 5 milles de Potzdam. L'église françoise est imitée du *Panthéon.* Le Roi s'est plu à imiter quelques uns des monumens célebres de l'antiquité à Rome, comme le Colisée la Basilique d'Antonin, &c. La porte de Brandebourg est d'une fort belle architecture. Il y a aussi une imitation du *Banquetting House* de *Vhitehall.*

Berlin, grande & belle ville, sur la Sprée, qui tombe dans l'Elbe. Le palais est magnifique, & la façade en est d'une belle architecture. Il y a une belle bibliotheque, un riche cabinet de raretés & de médailles, une Académie des sciences, un observatoire, & une salle d'opéra bien bâtie ; l'arsenal est un très beau bâtiment quarré. Le palais du Prince Henri & l'église catholique, semblable au *Panthéon ;* la belle statue de bronze du grand Electeur, par *Schluter ;* les rues *Unterkinden, Frédéric-Strasse* sont longues, droites & belles. La manufacture de porcelaine de Berlin est plus belle que celle de Dresde.

De Berlin à Brunswich & Hanover.	Postes.	Distance en milles anglois.	Temps en route.		Observations locales.
			h.	min.	Le chemin de Berlin à Helmstadt par Potzdam, est dans une vaste plaine très mal cultivée, dont les chemins ne sont pas faits, ou le sont mal, & doivent être presque impraticables en hiver. Il y a peu de commerce, & le peuple y est fort pauvre.
De Berlin à Potzdam	2	20	4		
à Grossen-Creutz	1 $\frac{1}{2}$	13	5	30	
à Brande-bourg	1	10	3		
à Zerfar	1 $\frac{1}{2}$	18	5		
à Hohenzias	1 $\frac{1}{2}$	15	3	30	
à Magde-burg (a)	2	21	7		
à Arschlem	2	20	12		Avant que d'arriver à Magdebourg, on passe l'*Elbe* sur quatre ou cinq ponts.
à Helmstadt	1	10	4		
à Brunswich	2 $\frac{1}{2}$	25	7		
à Peine	1 $\frac{1}{2}$	15	2	45	
à Scinde	1	12	3		
à Hanover (b)	1	14	3	30	Chemins extrémement mauvais, sur-tout en hiver.
	18 $\frac{1}{2}$	193	60	15	

(a) Au Roi de Prusse, bonne auberge.
(b) A la ville de Londres, bonne auberge.

On vient de Magdebourg à Helmstat avec les mêmes chevaux, très mal.

De Helmstadt à Brunswich, les chemins sont assez bons; la campagne jolie, bien cultivée.

REMARQUES.

BRUNSWICH, grande ville mal bâtie : les rues font affez larges. Le château ducal eft un ancien bâtiment gothique, fort
grand , & affez beau dans l'intérieur. Belle place de la Parade.
Beau palais du Prince Ferdinand. ═══ Cabinet de curiofités naturelles , foffiles , &c. où eft un vafe antique , d'une onyx fuperbe,
travaillé en camée , appellé vafe de *Mantoue :* on en a une ef-
tampe.

HANOVER , belle & forte ville , dans une plaine agréable , fur
la Leyne , qui la divife en deux parties. Elle eft propre , bien
pavée , & contient environ 30,000 ames. On y voit d'affez beaux
édifices , entre autres le palais , le théâtre , la maifon du Général
Walmoden. La bibliotheque contient environ 50,000 volumes :
elle poffede une quantité prodigieufe de manufcrits du célebre
Leibnitz , qui n'ont point encore été publiés : ce que j'y ai vu ,
formeroit trois ou quatre volumes in folio. Aux environs , font
les belles maifons de plaifance de *Herrenhaufen* & *Montbrillant.*

De HANOVER à COLOGNE.	Postes.		Distance en milles anglois.	Temps en route.		OBSERVATIONS LOCALES.
				h.	min.	
De HANOVER à Hagenburg	1	$\frac{1}{2}$	19	4	40	En sortant de Leese, on passe le *Weser* en bateau, vis-à-vis Stolzenaw.
à Leese	1		12	3		
à *Diepenaw* (a)	2		20	5		Beaux chemins jusqu'à Diepenaw.
à Boonte	2		22	5	30	
à OSNA-BRUCK b)	1	$\frac{1}{2}$	15	3	15	Landes, bois, terres labourées.
à Lengerke	1		10	3		Pays cultivé, bons chemins.
à MUNSTER (c)	2		20	6	25	
à Dulmen	2		20	4	30	Landes & bois.
à *Dorsten* (d)	1	$\frac{1}{2}$	15	6	10	Bonne route, quoique sablonneuse
à Duysburg	2		21	6	50	
à DUSSELDORF	1	$\frac{1}{2}$	16	5		La campagne est assez bien cultivée ici.
à Dormagen	1		12	3		
à COLOGNE	1		11	3		Près de Duysbourg est le lieu où Varus & ses légions périrent par les armes d'Arminius.
	20		213	59	40	

(a) Mauvaise auberge, & la seule.

(b) Au Keiser, bonne auberge.

(c) A la Couronne, bonne auberge.

(d) A la Poste, bonne auberge.

REMARQUES.

OSNABRUCK, mal bâti, mais joliment situé. Environ 10 à 12 mille ames.

MUNSTER, ville riche, forte, contient environ 20,000 ames. Belle maison du Baron *Vorhelm*.

DUSSELDORF, ville forte, sur le Dussel, au confluent du Rhin, très joliment bâtie, appartient a l'Electeur Palatin ; elle contient environ 10,000 ames La galerie des tableaux est une des plus belles collections qu'il y ait en Europe.

COLOGNE, grande, riche & célebre ville d'Allemagne, capitale de l'Electorat de ce nom, fondée par Agrippine, appellée la *Rome allemande*, peut-être à cause du grand nombre de ses églises, car ce ne peut certainement pas être pour sa beauté. A la cathédrale de Saint Pierre, est le tombeau supposé des *Trois Rois*, dont on fait voir les crânes : quoiqu'il en soit, ce tombeau est un des plus beaux ouvrages en or & en argent qui existent. Il est haut de 7 pieds ; sa partie supérieur est en or, & l'inférieure en argent. Il est garni de pierres précieuses, de camées & pierres gravées en creux antiques, dont quelques unes font fort belles.

De COLOGNE à UTRECHT.	Postes.		Distance en milles anglois.	Temps en route.		OBSERVATIONS LOCALES.
				h.	min.	
De COLOGNE à Berchem	1	½	15	2	50	Pays fertile en grains & en vins, dont il se fait un grand commerce.
à JULIERS	1		10	2		
à AIX - LA - CHA- PELLE (a)	1	½	15	3	50	Très mauvais chemins aux environs d'Aix-la-Chapelle.
à Foron	1	¾	18	4	5	
à LIEGE	2		17	2	40	
à S Tron	3	½	24	4	20	Très beaux chemins pavés, avec des allées d'arbres.
à Tirlemont	2		12	1	50	
à Louvain	2		10	1	45	
à Malines	2		12	2	20	Pays plat, riche & bien cultivé.
à ANVERS (b)	2		15	2	50	
à Sundert	3		28	4	30	Pays plat, peu cultivé, un peu marécageux.
à BREDA (c)	2		10	2	10	
	24	¼				
	Lieues.					
à Donge	2		6	1	15	A 25 minutes de chemin de Capel, on passe en bateau la *vieille Meuse.*
à Capel	2		6	1	20	
à Duffel	2		6	1	25	Duffel, pays plat, marécageux.
Passage de la Meuse			2		25	
à GORCUM	1	½	5	2	35	On perd beaucoup de temps à entrer les équipages dans le bateau.
à Meerkirche	2		6	1	15	

(a) Chez *Du-bich*, vis-à-vis les bains.

(b) A la Ville de Bruxelles, bonne auberge.

(c) Au Prince Cardinal.

REMARQUES.

JULIERS, ancienne & forte ville, avec une bonne citadelle. Il y a un joli pont de bois avec une belle rampe de fer.

AIX-LA-CHAPELLE, grande & belle ville impériale dans le Cercle de Westphalie, située dans un fond environné de montagnes. Les bains, l'hôtel-de-ville, la cathédrale, où l'on fait voir les *Regalia* de Charlemagne, son épée, son baudrier, &c. son Nouveau Testament : ces trois choses servent au couronnement des Empereurs.

ANVERS, grande, belle & autrefois l'une des plus riches villes du monde & des plus commerçantes, sur l'Escaut, qui est très large ici. Les édifices publics sont d'une grande beauté, les rues sont propres & larges ; la cathédrale est un ouvrage achevé, la tour en est admirablement bien travaillée : on y voit deux beaux tableaux de *Rubens*, l'Assomption & la Descente de la Croix ; la magnifique chapelle de la confrairie du Saint Sacrement ; l'hôtel-de-ville, dont la façade est de 250 pieds, & l'avant-corps décoré de cinq ordres l'un sur l'autre. La place de *Mer*, la maison du Baron *Fraula*, les Jésuites, la façade est de *Rubens* ; l'intérieur est fort orné & avec de beaux tableaux. ═ Les Augustins ; le tableau du grand autel, de *Rubens*, & l'extase de Saint Augustin, & un Crucifix de *Van-Dick*. ═ Les Carmes déchaussés : tableaux de *Rubens* ; Saint Jacques ; tableau du grand autel, par *Rubens*. Collections de tableaux de M. *Van-Scorel* ; de Madame *Bosschcert*, où est l'enlevement des Sabines, de *Rubens*, & quelques uns de *Van-Dick* & de *Brughel*. L'Abbaye de St. Michel, bâtiment vaste. Monument de Marie, Reine d'Ecosse, à Saint André. Cabinet de M. *Van-Langres*.

BREDA ; palais du Prince d'Orange, Seigneur de la ville, qui est très bien fortifiée ; elle est sur le Merch, dans une plaine très fertile, & est très propre & très bien bâtie.

De COLOGNE à UTRECHT.	Lieues.	Distance en milles anglois.	Temps en route.	OBSERVATIONS LOCALES.
			h. min.	
à Vianem	3	10	1 55	
Passage du Leck	$\frac{1}{4}$	1	1	On est 10 minutes à passer le *Leck* en bateau.
à UTRECHT	2	6	1	
	14 $\frac{1}{4}$	23 ¼	47 20	

REMARQUES.

UTRFCHT, grande & belle ville, avec une Univerfité fameufe, particuliérement pour le Droit ; fituée fur l'ancien caral du
Rhin Elle eft célebre par le projet de l'union des fept Provinces
qui y fut figné, & par la Paix de 1713 qui s'y conclut. ⸻ l'hôtel de-vil e. ⸻ La tour de Saint Martin a 4ᵗ₀ marches, environ
360 pieds de hauteur : du fommet on découvre Amfterdam, &
quinze autres villes confidérables. Le mail, de 7 rangs d'arbres,
eft fort beau.

D'Utrech à Amsterdam.	Postes.	Distance en milles anglois.	Temps en route. h. min.	Observations locales.
D'Utrecht à Montfort	4	10	2 8	Le terrein est presque par-tout humide & marécageux : on y seme peu de grains. Tout entre-coupé de canaux.
à Oudewater	2	6	1 10	
à Gouda	1 $\frac{1}{2}$	4 $\frac{1}{2}$	50	On passe ici l'Yssel sur un pont.
à Roterdam	4	12	2 15	
à Delft	3	9	1 40	Campagne agréable & bien cultivée.
à La Haye (a)	1 $\frac{1}{2}$	5	55	A 2 milles de la Haye est Ruyswick.
	16	46 $\frac{1}{2}$	8 58	
De La Haye à Leyden	Par eau.	9	4	Pays très plat : les eaux y sont quelquefois plus hautes que le terrein.
à Alphen		7 $\frac{1}{2}$	3	
à Amsterdam (b)		18	6 30	Par eau, dans un yacht commode. On peut aller en 6 heures par terre.
		34 $\frac{1}{2}$	13 10	
D'Amsterdam à Buykfloot		3	1 8	De Buykfloot on voit Saarsdam.
à Brock		3	1 10	De Brock, on revient si l'on veut, par terre à Amsterdam : c'est le plus court.
à Tollhuys		4	55	
à Amsterdam		$\frac{1}{2}$	10	On passe l'eau de Tollhuys à Amsterdam.
		10 $\frac{1}{2}$	3 23	

(a) Chez Benoit, au vieux Doelen.

(b) Chez Thiebault, *Warmoes-Straat.*

REMARQUES.

Oudewater eſt une jolie petite ville fortifiée.

Gouda, ſur l'Yſſel, remarquable par ſa belle égliſe, où ſont les plus belles vitres peintes qu'il y ait en Europe.

ROTERDAM, ville riche & forte, avec un très beau port. L'hôtel-de-ville, la maiſon de Banque, celles des Compagnies des Indes, & les arſenaux, ſont des bâtiments magnifiques. Elle eſt traverſée par ſept canaux ; des vaiſſeaux de 300 tonneaux viennent juſqu'au centre de la ville. C'eſt la patrie d'*Eraſme*, dont on voit la ſtatue de bronze dans le marché. Il y a beaucoup de tombeaux des Amiraux de Hollande dans la grande égliſe. On l'appelle le *petit Londres*, à cauſe de la quantité d'Anglois qui y ſont établis.

DELFT, belle ville. L'hôtel-de-ville, magnifique. Environ 22 mille ames. Patrie de *Grotius*.

LEYDEN, belle & grande ville, ſituée ſur le vieux canal du Rhin, dans une belle plaine. ▬ Célebre Univerſité. ▬ Hôtel-de-ville, où ſe voit le fameux tableau du Jugement dernier, par *Jean de Leyden*. ▬ Le Jardin botanique. ▬ Le Cabinet d'hiſ-toire naturelle..

Brock, village ſingulier par l'excès de la propreté qui y regne. Les maiſons peintes en dehors, les tuiles des toits peintes & ver-niſſées, les rues auſſi propres que l'intérieur des maiſons.

AMSTERDAM, l'une des plus riches & des plus floriſſantes villes du monde. Beau port. La ville, bien coupée de canaux, avec des quais bordés d'arbres. Maiſon de ville, bâtiment quar-ré ſuperbe, dans lequel ſont de très beaux tableaux de *Rem-*

D'UTRGHT à AMSTERDAM.	Postes.	Distance en milles anglois.	Temps en route.	OBSERVATIONS LOCALES.
			h. min.	

REMARQUES.

brandt, de *Van-Dick* & de *Wilz*. La grande salle est très belle. La Bourse est encore un des plus beaux ornements de la ville. Le pont sur l'Amstel, beau morceau d'architecture ; l'Amirauté, la Synagogue. Il entre 2,000 vaisseaux par an dans le port. On y compte 250,000 habitants. Le tableau de *Rembrandt*, dans l'hôtel de-ville, est une piece de nuit, de 12 pieds de haut & 15 de large.

D'AMSTERDAM à BRUXELLES.	Poftes.	Diftance en milles anglois.	Temps en route. (h. min.)	OBSERVATIONS LOCALES.
D'AMSTER-DAM à HARLEM (a)		12	2	
à LEYDEN		1ſ	4	On va par terre à Harlem.
à LA HAYE		10	3	De La Haye à Roterdam, campagne charmante.
à DELFT	1 ½	5	1	
à ROTERDAM	3	9	1 30	
à Nieuwehr-kerk	1 ¼	5	1	
Paſſage de l'Yſſel			25	
à Krimpen	¾	2 ½	25	
Paſſage du Leck			3ſ	Le *Leck* eſt un bras du Rhin.
à Ablaſſerdam	1	3	30	
à Wuylendham	4	10	1 45	
à GORCUM (b)	3 ½	9	1 45	
Paſſage de la Meuſe		½	1 30	Ce paſſage n'eſt que de 20 minutes, mais on attend.
à Duſſel	1 ½	12	2 25	
à Capel	2			Un peu avant d'arriver à Capel, on paſſe la *vieille Meuſe* : court trajet de 5 minutes.
à Donge	2	6	1 40	
à BREDA	2	7	1 45	
à Etten	2	6 ½	1 5	
à Rofendall	3	9	1 45	
à BERG-OP-ZOOM (c)	3	9	1 55	

(a) Au Lion d'or.
(b) Au Doelen.
(c) A la Cour de Hollande.

REMARQUES.

HARLEM, grande ville d'environ 30,000 ames. On y réclame l'honneur de l'invention de l'Imprimerie, par *Laurent Coster*, en 1440, & du premier tableau peint à l'huile, par *Jean Eyert*, en 1437. Il s'y fait un grand commerce de fleurs. J'ai vu, le 10 mai 1771, une jacinthe, dont le propriétaire avoit refusé 10 mille francs.

LA HAYE, village magnifique des Provinces-Unies, le centre du Gouvernement de la République de Hollande, la résidence du Prince d'Orange & des Etats-Généraux, comparable aux plus belles.villes de l'Europe. En 1768, on y comptoit 40,000 ames. Le palais du Prince, & autres beaux édifices. Le cabinet d'histoire naturelle du Prince d'Orange contient des curiosités très rares des Indes, sur-tout en oiseaux & en papillons. Le *Bois des Rossignols*, près de la ville, est une promenade charmante. ▬ Belle maison du Comte de Bentink, à un mille de là. Scheveling, port de pêcheurs à 2 milles. Cabinet de Médailles & de pierres gravées du Prince, ou sont des coins de grand bronze romain.

BERG-OP-ZOOM, ville forte du Brabant hollandois, petite, mais jolie, très bien fortifiée. On voit les souterrains, la galerie par où les François entrerent par surprise, en 1747 ; les ravelins de la Pucelle & de Cohorn, où étoient les breches faites avant l'assaut, & le fort d'Eden entre les deux, qui ne fut pris qu'après la ville.

M

D'AMSTERDAM à BRUXELLES.	Postes.	Distance en milles anglois.	Temps en route.	OBSERVATIONS LOCAL[...]
			h. min.	
à Hoogerkeyde	1 ½	5	1 15	Pays de bruyeres
à Putten	2	6	1 15	plat.
à Capellen	1	3	40	Beau pays plat, bi[...]
à ANVERS	2	9	1 30	cultivé.
à *Malines*	2 ½	16	2 25	Beau pays plat, bi[...]
à BRUXEL-LES (*d*) }	2 ½	15	3 10	cultivé, fur l'Efcaut. De Malines à Br[...]
		184 ½	40 15	xelles, le chemin [...] Wilvorden eft magni[...] que.

(*d*) A La Cour
de Hollande.

REMARQUES.

Bruxelles , capitale du Brabant & des Pays-Bas autrichiens,
belle, riche & grande ville , partie sur une éminence, & partie
dans une plaine agréable & fertile, sur la Senne. L'hôtel-de-
ville est le plus joli bâtiment gothique qui se puisse voir ; la
tour en est d'un travail achevé : la place de l'hôtel-de-ville est
fort ornée, mais d'un très mauvais goût. On y voit, entre autres preuves, une statue équestre sur le haut d'une maison. Il y
a un fort beau cours , appellé l'*Allée verte.* ⸺ Sainte Gudule est
une belle église. ⸺ Belles tapisseries dans les appartemens de
l'hôtel-de-ville. ⸺ Le Cabinet d'histoire naturelle & de curiosités du Prince Charles mérite d'être vu , ainsi que sa petite ménagerie. On y faisoit voir un lapin qui couvroit une poule, dont
on produisoit même des petits ; mais c'est une imposture du jar-
dinier, & les poulets qu'il fait voir, sont une espece particuliere dont la plume, au premier coup d'œil, a l'apparence du
poil d'un lapin blanc. Il y a de très beaux tableaux dans les
cabinets de M. *Dannoort* & du Chevalier *Verhulst.* ⸺ Près de
Bruxelles est l'Abbaye de Tervuren, lieu de plaisance du Prince
Charles. En y allant, on traverse la belle forêt de Sogne, laquelle est en coupe réglée, qui rapporte un million par an à
l'Empereur. On compte environ 50,000 ames à Bruxelles.

De Bruxelles à Calais.	Postes.	Distance en milles anglois.	Temps en route. h. min.	Observations locales.
De Bruxelles à Louvain	3	17	3	Très beau pays plat, bien cultivé, abondant en bleds, en pâturages.
à Tirlemont	2	12	2	Il y a de très beaux chemins de chaussées.
à S. Tron (a)	2	12	2	
à Tongres	1 ½	12	2 50	
à Mastricht	1 ½	14	2	
à Tongres	1 ½	14	2 40	
à Liege	1 ½	13	2 40	
à Spa (b)	3	28	{ 2 50 / 2 40	
à Liege	3	28	7	
à S. Tron	3 ½	24	4	
à Tirlemont	2	12	2	
à Louvain	2	10	1 50	
à Bruxelles	3	17	2 45	
à *Asche*	1 ½	9	1 30	
à Aloft	1 ½	8	1 20	
à Quadregt	1 ½	9	1 43	
à Gand (c)	1	6	1	
à Petteghen	1 ½	12	1 30	
à S. Eloy	1 ½	8	53	
à Courtray	1 ½	7	1 15	Pays plat, très bien cultivé, beaux chemins, villes bien bâties.
à Menin	1	6	1	
à Ypres	2	10	1 55	En sortant de Rosebrugge, après avoir passé l'*Yser*, on entre en France.
à Rosebrugge	2	13	2 40	

(a) A la Poste.
(b) Chez Ogilvy.
(c) A Saint Sébastien.

REMARQUES.

LOUVAIN n'a rien de remarquable que fon Univerfité, qui eft célebre ; & fon hôtel-de-ville , édifice gothique , dont la façade eft belle.

MASTRICHT , ville forte, appartenant aux Hollandois. La maifon de ville & les autres édifices publics y font très beaux.

Il ne faut pas négliger, en paffant par Aloft, d'y voir un beau tableau de *Rubens*, dans une églife.

GAND , très grande ville, qui contient environ 70 mille ames. Charles V y naquit ; on montre encore fa maifon. Il y a beaucoup de beaux édifices publics. ⎯ L'Abbaye de Saint Pierre, la cathédr le, dont la chaire eft magnifique ; un beau tableau de *Rubens* dans une des chapelles, &c. l'hôtel-de-ville.

De BRUXELLES à CALAIS.	Postes.	Distance en milles anglois.	Temps en route.	OBSERVATIONS LOCALES.
			h. min.	
à *Berg* (*d*)	1 ½	10	2	
à DUNKER-QUE	1	5	50	
à Gravelines	2	10	2 40	
à CALAIS (*e*)	2 ½	14	3 30	
	51 ½	340	64 1	

(*d*) Chez Def-fain.

(*e*) A la Tête d'or.

REMARQUES.

De Londres à Bath & Bristol,	Postes.	Distance en milles anglois.	Temps en route.	Observations locales.
			h. min.	
De Londres à Hounslow		10 ½	1	Pays plat, très bien cultivé.
à Salt-Hill		11 ¼	2 10	Campagne charmante, vues très agréables.
à Reading		17 ½	1 50	
à Spincham-land near Newbury		17 ¼	1 46	
à Marlboroug		18	2 6	Collines & vallons; pays riant, terrein fertile.
aux Devises		14	1 22	
à Bath (a)		18 ½	2	
		107	12 14	

(a) A Yorck-House, *Princes Street.*

De Londres
à
Baddow.

De Londres à Ilford		6		Ces 6 milles sont mesurés de Mile-End, mais on compte 11 milles de Bond-street.
à Brentwood		11		
à Baddow		12		
		29		

REMARQUES.

A deux ou trois milles avant que d'arriver à Hounſlow, eſt *Syon*, maiſon de plaiſance du Duc de Northumberland, & embellie par ce Seigneur avec tout le goût poſſible. Je ne connois point de lieu où l'art & les richeſſes ſoient mieux employés.

BATH, ville magnifique, fameuſe par ſes bains chauds, & le rendez-vous de la meilleure compagnie de l'Angleterre. C'eſt une des villes la mieux bâtie de l'Europe; non ſeulement il y a des édifices publics très beaux, mais des quartiers entiers de la ville ont été bâtis ſur un même plan. Le Quarré de la Reine, le *Cirque*, le *Creſcent*, ſeroient des ornements pour Londres, pour Paris ou pour Rome. Les ſalles d'aſſemblées ſont belles & bien réglées : la police eſt très bien établie dans la ville ; les denrées y ſont à très bon marché ; en ſorte qu'il eſt difficile de trouver dans le monde une ville qui réuniſſe plus de commodités & d'agréments.

Près d'Ilford eſt *Wanſtet*, ſuperbe maiſon de plaiſance de Lord Tilney.

Du Château de BELMONT à EDIMBOURG.	Postes.	Distance en milles anglois.	Temps en route.	OBSERVATIONS LOCALES.
			h. min.	
De BELMONT à PERTH		17	3 15	Belmont est joliment situé sur une éminence, dans la plaine de Strath-more, qui a 120 milles de long. Il y a un très joli bois près du château. A 4 milles de là est la tour de *Banco*, bâtie par M. de Mackenzie, d'où se voit la montagne d'Arthur, près d'Edimbourg, à 58 milles de Belmont.
à Kinross		15	2 30	
à North-Ferry	Par eau.	15	2 40	
à Queen's-Ferry		2	45	
à EDIMBOURG		9	1 40	
		58	10 50	

REMARQUES.

Belmont appartient à M. Stewart de Mackenzie, garde du sceau privé d'Ecosse, qui a fort embelli ce séjour, & rebâti le château. ══ A environ 10 milles de là, est la montagne de Dunsinnan, fameuse pour avoir été la résidence de *Macbeth*, qui y avoit bâti une forteresse, d'où il fut chassé par *Malcom*, (petit-fils du Roi *Duncan* qu'il avoit assassiné) aidé de *Mackduff*, Comte de Fife. ══ *Mackduff* poursuivit *Macbeth*, & le tua près de Belmont, à un endroit appellé *Belly-Duff*, où se voit le tombeau de *Macbeth*, à 200 pas du château.

Autre route de BELMONT à EDIMBOURG.	Postes.	Distance en milles anglois.	Temps en route.	OBSERVATIONS LOCALES.
			h. min.	
De BELMONT à Dunkeld		20	4	Pays de bled, très bien cultivé.
à Menzies-Castel		.17 ¼	3 30	Près de Menzies-Castel est la cascade de *Monefs*, lieu charmant
à Crief		22	4 30	& tout-à-fait pittoresque. On y va par une
à Stirling		20	4 15	promenade de 2 milles,
à Falkirk		10	2	le long d'un ruisseau,
à Linlithgow		8	1 40	entre deux collines cou-
à EDIMBOURG		16 ½	3 15	vertes de bois ; le ruis-
		113 ¼	23 10	seau coule au fond du vallon , quelquefois

tranquillement ; & souvent se précipitant par vingt endroits différents, forme les cascades les plus agréables.

Stirling , dans une situation charmante, sur un rocher, d'où l'on découvre une plaine riche & fertile , de 80 milles de circonférence, agréablement arrosée, & bornée de tous côtés par des collines.

REMARQUES.

Dunkeld, lieu de réfidence des Ducs d'Athol, près duquel eft le bois de Birnham, fameux dans la tragédie de *Macbeth*.

Menzies-Caftel, au pied de la montagne de Wheems. A cinq milles de là eft Taymouth, terre de Milord Breadalbane, dont les beautés naturelles font au-deffus de toute defcription.

Près de Falkirk, fe voit le canal qui doit joindre l'Océan avec la Mer d'Allemagne, par la communication de la riviere *Clyde* & du *Firth de Forth*.

D'ALNWICK à WERRINGTON, par BATH, & routes de traverse.	Distance en milles anglois.	Auberges.	OBSERVATIONS LOCALES.
D'ALNWICK à Morpeth	19		
à Newcastle	14	King's Arms	
à Durham	15		
à Darlington	18	Talbot	On prend ici la route de traverse, ou bien l'on va jusqu'à Boroughbridge, & de là à Harrowgate: on peut ne prendre la route de traverse qu'à Doncaster ou Newark, mais le dernier est plus long de 20 milles.
à North-Allerton	15	King's Head	
à Rippon	17		Cette poste a de très mauvais chemins, & beaucoup à monter & descendre.
à Harrowgate	11	King's Arms	
à Leeds	15		
à Wakefield	9		Ici les chemins deviennent meilleurs.
à Hill-top	12		Près de Hill-top est Wenworth, château de Lord Strafford; & à 5 milles de là, Wentworth-House, terre de Lord Rockingham.
à Sheffield	12	George	
à Chesterfield	12	Oldangel	Charmant pays, bien cultivé.
à Kendal	10	Peacock	Vallons & collines; pays fertile.
à Derby	14	George	Situé délicieusement dans une vallée fertile; jolie ville bien bâtie.

REMARQUES.

D'Alnwick à Werrington, par Bath, & routes de traverse.	Distance en milles anglois.	Auberges.	Observations locales.
à Burton	11		*All Saints*, belle église, avec un beau clocher.
à Litchfield	13	George	Belle plaine, beaux chemins.
à *Birmingham*	16	Swan	Assez bien bâtie, située sur le penchan d'une colline : on compte 50 mille ame St. Philippe, belle église, avec un dôme.
à *Broomsgrove*	13	Crown	Beaux chemins, vue charmante de la Province de Worcester. 10 milles de Birmingham.
à *Worcester*	12	Hop-pole	Worcester, belle vill bien bâtie, belle cathédrale gothique.
à Upton	10		Avant d'arriver à Upton, belle vue de la vallée d'Evesham.
à *Gloucester*	16		Belle vue de Glouestershire ; la capitale es petite, mal bâtie, joliment située dans une grande plaine.
à Froster	12	George	Mauvais chemin ; on a une montagne fort escarpée à franchir d'ici
à Petty-France	14		à Petty-France, terre du Duc de Beaufort.

REMARQUES.

REMARQUES.

D'ALNWICK à WERRINGTON, par BATH, & routes de traverse.		Distance en milles anglois.	Auberges.	OBSERVATIONS LOCALES.
à BATH		15		A la onzieme borne de Bath , est une vue magnifique de la Province de Gloucester , & une jolie terre du Chevalier Codrington. Beau pays de collines & vallons.
à Wells		20		A Wells, est une des plus jolies cathédrales gothiques que j'aie vu.
à Piper's-inn		10 $\frac{1}{2}$	$\left\{\begin{array}{l}Single\\Hou\int e\end{array}\right.$	Belle plaine.
à Bridgewater		10 $\frac{1}{2}$	George	Chemin de Bridgewater , magnifique & plat.
à Taunton	12	19		D'ici , il vaut mieux prendre le chemin d'Exeter , n'y ayant que peu, ou point de chevaux à Crediton.
à Wellington	7			
à Tiverton		14		
à Crediton (Kerton)		12		
à Okchampton		18		
à *Werrington*		20		
		449		

REMARQUES.

D'ALNWICK à WERRINGTON, par BATH, & routes de traverse.	Postes.	Distance en milles anglois.	Temps en toute.	OBSERVATIONS LOCALES.
			h. min.	
De Londres à Werrington, par Salsbury, Dorchester, &c.		215		
De Londres à Werrington, par Bath.		233		
De Londres à Alnwick		309		

REMARQUES.

ADDITION.

ROUTES envoyées par l'Auteur pendant le cours
de l'impreſſion.

De BONN à AIX-LA-CHAPELLE	Poſtes.	Diſtance en milles anglois.	Temps en route.	OBSERVATIONS LOCALES.
			h. min.	
De BONN à Cologne	1 ½		3	
à Dormaguen	1		3	
à Duſſeldorf	1		40	
à Furth	1 ½		3 30	
à Juliers	1 ½		3 25	
à Aix	1 ½		3 20	
	8		16 55	
D'OSTENDE à LILLE.				Le paſſage ordinaire de Douvres à Oſtende eſt de 12 à 15 heures.
D'OSTENDE à Tourout (a)	2 ½	15	3	Oſtende, port franc & commode; ville bien fortifiée, bien bâtie.
à Rouſſelart	1	6	1 30	Beaux chemins pavés.
à Menin (b)	2	14	2 40	Au ſortir de Menin, eſt la premiere barriere de France.
à LILLE (c)	2	12	2 20	En envoyant devant, le Gouverneur permet que les portes de la ville ſoient ouvertes aux perſonnes de diſtinction.
(a) A Oſtende, à la Cour impériale. (b) Au Chapeau rouge. (c) Hôtel royal, ou Hôtel de Bourbon.	7 ½	47	9 30	

De Basle à Manheim & Francfort.	Postes.	Distance en milles anglois.	Temps en route — h	min.	Observations locales.
De Basle à Kaltcher-berg	1		2	25	Beaux chemins sur cette route ; plaines fertiles ; montagnes richement couvertes de pins & de hêtres : les auberges propres & bonnes ; des hommes honnêtes & bons.
à Mulheim	1		1	35	
à Krotzingen	3/4				
à Freybourg	3/4				
à Emmedin-gen (a)	3/4				
à Kenzingen	3/4				Fribourg, jolie ville.
à Freisenheim	1 1/2				
à Offen-bourg (b)	3/4		1	15	D'ici à Strasbourg, une poste.
à Appenweyer	1/2			45	
à Biel	1 1/4		2	30	
à Rastadt (c)	1		2		
à Calrsruhe (d)	1 1/2		3	20	Maison de plaisance des Princes de Baden-Baden ; ville neuve, bien bâtie.
à Grahen	1 1/4		2	5	
à Waghouzel	1		1	30	
à Shwerzingen	1		1	50	
à Manheim	3/4		1	30	Voy. le Supplément.
à Heidel-berg (e)	1 1/2		2		Manheim, belle ville & très réguliere ; douze rues coupées à angles droits par huit rues.
à Heppenheim	1 3/4		3	10	

(a) A la Poste.
(b) A la Poste, bonne auberge.
(c) A la Poste, bonne auberge.
(d) A la Poste, bonne auberge.
(e) Au Taureau, auberge médiocre.

De Basle à Manheim & Francfort.	Postes.	Distance en milles anglois.	Temps en route.	Observations locales.
			h. min.	
à *Heſſe-Darmſtadt* (f)	1 $\frac{1}{4}$		4 10	
à FRANCFORT	1 $\frac{1}{2}$		3 45	Voyez le Supplément.
(f) A la Poſte, très bonne auberge.	22		34	
De FLORENCE à PISE.				
De FLOREN-CE à la Laſtra	1			
à l'Ambro-giana	1			
à la Scala	1			
à Caſtel-del-Boſco	1			
à le Fornacette	1			
à PISA	1			
	6			
De PARME à MANTOUE.				
De PARME à Breſcello	2			
à Borgo-forte	2			
à MANTOUE	1			
	5			

VOYAGE

EN ESPAGNE.

J'ai déjà dit que je n'ai pas été en Espagne ; cela rend compte de la différence que l'on trouvera dans la méthode suivie pour la description de la route suivante. J'ai cependant essayé, autant qu'il m'a été possible, de l'accommoder à ma méthode ; enforte que toute la différence consiste en un peu moins de précision pour le temps employé sur la route, & l'indication des auberges ; du reste, les voyageurs ne peuvent que gagner au change, les observations de M. de *Voglie* étant remplies de justesse & de sagacité. J'y ai joint celles de deux autres voyageurs de ma connoissance, qui ont bien vu ce pays-là depuis douze à quinze ans.

Il est bon de répéter ici qu'il n'y a de postes établies en Espagne que pour les couriers à cheval, & nullement pour les voitures. Les routes, même pour les uns

& les autres, font quelquefois différentes, comme j'ai pris foin de le marquer. Si l'on veut donc aller plus vîte que le pas ordinaire des mules, il faut faire fon marché, avant que de partir de Perpignan ou de Bayonne, pour avoir des relais entre ces villes & Madrid. Le prix des mules eft fur le pied environ de 15 livres de France par jour, pour deux mules, une chaife & un muletier, fans les nourrir, & pour faire dix lieues par jour; & ainfi du refte à proportion. On prend, dans la ville de France d'où l'on part, un domeftique qui fache parler le françois & l'efpagnol, qui ait fait cette route, qui puiffe fervir d'interprete & de forte de maître-d'hôtel. Cette précaution eft prefque indifpenfable; parce qu'on ne trouve rien à manger dans les auberges d'Efpagne, & qu'il faut envoyer quelqu'un devant, pour faire les provifions néceffaires, dans les villes & villages où l'on veut s'arrêter. On trouve à Bayonne & à Perpignan des lits de voyage, qu'on peut mettre fur le dos d'une mule: à moins d'être endurci à la fatigue, on ne peut fe paffer d'un lit à foi. Si l'on a plufieurs mules, & qu'on les nourriffe, on les paye 25 à 30 fols de France par jour.

En voyageant fans relais, on ne va guère qu'au pas, ou au petit trot des mules, que l'un des muletiers accompagne toujours, en courant tour à tour; en sorte qu'en beau chemin, on fait sur ces routes environ 3,000 toises, ou un peu moins de 4 milles d'Angleterre par heure: & en général, ce pas est très réglé, comme l'est celui des voituriers en Italie & dans les Alpes.

De Perpignan à Madrid.	Postes.	Temps employé sur la route.	Observations locales.
		h. min.	
De Perpignan au Boulou	2 ½	1 50	Du Boulou à la Jonquiere, on passe le *Tet* en bateau, & l'on entre ensuite dans les Pyrénées. Au haut d'une de ces montagnes, se trouvent deux cabarets, & une chaîne qui sépare les deux Etats.
à la Jonquiere	1 ½	1 10	
	Lieues.		
à Figueras	3		En sortant de Figueras, on passe à gué la petite riviere de *Muga*; & avant d'arriver à Bascara, on passe en bateau une autre petite riviere nommée *Flubia*.
à Bascara	3		
à *Girona* (a)	3 ½		
à las Mallorquinas	4		
à *Ostalric*	2		A Ostalric il y a une assez bonne auberge.
à San Seloni	2		
à la Roca	3		
à Moncada	2		
à Barcelona	2		En général, les chemins & les auberges de la Catalogne sont passables, & beaucoup mieux que dans toute autre partie de l'Espagne.
à Molin de Rey	2		
à Martorel	2		Beau pays, & bien peuplé.
à *Piera*	3		Entre Piera & Igualada, on passe deux petites rivieres à gué. Ce

Texte vertical de la colonne « Temps employé sur la route » : A moins que d'avoir des relais, en trois ou quatre endroits, de Perpignan à Madrid, on ne doit pas compter de faire plus d'une lieue par heure.

(a) Fontana d'oro.

NOMS DES VILLES.	REMARQUES.
PERPIGNAN	Capitale du Roussillon, avec une forte citadelle, située à trois lieues de la mer, sur le Tet, que l'on passe sur un beau pont. On y voit une grande cathédrale gothique.
GIRONE	On prend ses précautions ici, de la maniere que je l'ai dit dans l'Avertissement. Assez grande ville, bien fortifiée; Jolies promenades hors de la ville.
OSTALRIC	M. le Comte de Boufflers, grand-pere de celui qui vit à présent, est mort Gouverneur de cette ville, en 1750.
BARCELONE	Belle & grande ville, capitale de la Catalogne, avec un bon port & une citadelle; on y fait un fort grand commerce. Cette ville a environ 3 milles de circonférence; les rues sont étroites, mais assez bien pavées d'un pavé plat. Elle est avantageusement située sur le bord de la mer, près d'une belle colline d'un côté, & d'une plaine fertile & bien arrosée de l'autre. Il y a de très belles maisons & de beaux édifices publics. Le climat y est pur & sain, le pays fertile, les denrées à bas prix. Les gros vaisseaux de guerre ne

De Perpignan à Madrid.	Lieues.	Temps employé sur la route.	Observations locales.
à *Igualada* (*b*)	2		deux rivieres n'en font
à Porcarifes	2		qu'une, qui fe nomme
à los Mefconcillos	2		*Noya.*
à *Cervera*	2		
à Tarraga	2		
à Molleruza	4		
à *Lerida*	4		
à Alcaraz	2		Au fortir d'Alcaraz, on entre dans l'Aragon.
à *Fraga*	2		Beau pays, très bien
à Candafnos	4		cultivé, bons chemins.
à Bujaralos	3		
à Venta de S. Lucia	3		
à Aguilar	3		
à la Puebla	3		Pays défert, pauvre & mal cultivé.
à ZARAGOÇA	2		Belle plaine de l'Ebre.
	71 $\frac{1}{2}$		

(*b*) Bonne auberge.

NOMS DES VILLES.	REMARQUES.
	peuvent pas entrer dans le port. Il y a une belle place au milieu de la ville, appellée la *Rambla*, qui sert de promenade. ⸺ *Ciudad-Nueva*, à environ un mille de là, ville joliment bâtie. Il y a à Barcelone une manufacture d'armes à feu & d'acier; une autre de couvertures de laine, de mouchoirs; un arsenal, une fonderie de canons. On compte environ 140 mille ames à Barcelone.
LERIDA	Petite ville, assez laide, bien fortifiée : elle s'étend d'un côté sur une colline, & de l'autre dans une vallée, au bord de la Ségre, que l'on passe sur un pont.

De ZARAGOÇA à MADRID.	Lieues.	Temps employé sur la route.	OBSERVATIONS LOCALES.
De ZARAGOÇA à Sᵗᵉ. Fé	1		Situation charmant de Zaragoça , dans un plaine entourée de montagnes , & ornée de vignes & de plantation d'arbres.
à Maria	1	.	
à Longares	1		
à Maynar	4 ½		Maynar n'est qu'un hameau; & de là à Daroca , le pays n'est qu'un desert qui ne produit rien que du romarin du thym & d'autres arbrisseaux , qui servent de chauffage aux habitants.
à *Daroca*	2		Entre Daroca & Used on se trouve sur le sommet d'une montagne d'où l'on découvre une vue fort étendue.
à Used	2		
à Tortuera	4		
à Tarranedo	2		
à Barbacil	4		
à Aquilarejo	3		
à Torremocha	3		Entre Algora & Grajanejos , est une forêt spacieuse de très beaux chênes.
à Algora	1		
à Grajanejos	4		
à *Torija* (a)	3		Pays de vignobles d'oliviers & figuier
à Guadalajara (b)	3		De Guadalajara à Alcala , on passe deux petites rivieres à gué.

(a) L'auberge la plus propre & la mieux bâtie sur la route.

(b) Très bonne auberge ,

NOMS DES VILLES.	REMARQUES.
Zaragoça	Capitale du Royaume d'Aragon, fur l'Ebre, fituée dans un terroir fertile & abondant: c'eſt la réſidence d'un viceroi. On y remarque la cathédrale, les égliſes des ci-devant Jéſuites, de Saint Cajetan, &c. ; le monument de Saint Angran. Le pont, fur l'Ebre, a 600 pieds, dont une arche de 100 pieds d'ouverture. Il y a une tour que l'on appelle encore la *Tour-neuve*, qui a été bâtie par les Maures, & a 140 pieds de haut.
Daroca	Cette petite ville n'eſt pas mal bâtie. Elle eſt fituée au bas d'une vallée charmante, arroſée & fertiliſée par la petite riviere de *Xiloca*. Le payſage des environs de la ville eſt agréablement varié par quelques rochers, dont quelques uns font d'une hauteur conſidérable. Les habitants de cette partie de la Caſtille font induſtrieux, & le pays eſt aſſez bien cultivé. Les denrées y font à ſi bon marché, que dans certains cantons, l'on donne deux poulets pour 12 ſols, & la douzaine d'œufs pour un ſol. Près d'Algora, l'on paſſe les montagnes d'Aragon ; & le terrein d'ailleurs eſt tellement élevé, que l'on aſſure que la plus haute de ces montagnes eſt d'un mille plus haute que la plus haute des Pyrénées.
Guadalajara	Cette ville, où eſt établie une manufacture royale de draps, contient environ 7,000 ames. A une lieue de Guadalajara, eſt le village de *Val de Noches*, joliment fitué au bout d'une vallée. C'eſt la patrie de Fernand Cortez.

O

De ZARAGOÇA à MADRID.	Lieues.	Temps employé sur la route.	OBSERVATIONS LOCALES.
à Alcala de Henarez	4		D'Alcala à Rejas, pays fertile, agréable & bien cultivé.
à Rejas	3		
à MADRID (c)	3		
	48 ½		

en 1760, tenue alors par un François.

(c) A la Fontana d'oro.

NOMS DES VILLES.	REMARQUES.
Alcala	*Complutum*, ville fameufe autrefois par fon Univerfité qui eft peu fréquentée à préfent. Alcala n'a pas 6,000 habitans, de 60,000 qu'il y avoit autrefois.
MADRID	Belle & grande ville, dans laquelle on compte 165,000 ames; capitale de l'Efpagne & de la nouvelle Caftille, fituée dans une plaine fablonneufe, aride & mal cultivée. Les rues en font belles, ornées de fontaines de marbre & de ftatues; propres & bien pavées depuis l'avénement du préfent Roi au trône; mais elles font mal éclairées en comparaifon de Paris & de Londres. On y remarque une Académie fondée par Philippe IV, & une bibliotheque publique. La promenade del *Prado*, qui reffemble aux boulevards de Paris, en ce qu'elle eft de même à l'extérieur de la ville, & que l'on s'y promene en caroffe. Le nouveau palais, qui manque d'ordonnance dans le plan, mais où il y a profufion de dorure & de peinture; le bâtiment eft quarré, avec une cour au milieu, autour de laquelle eft une galerie qui reffemble à un cloître; la chapelle eft belle & bien décorée, & il y a de beaux revêtiffemens de marbre de la Manche. L'ancien palais de *Buen retiro*, les promenades, quelques églifes, le Cirque, la *Plaça mayor*, le combat du taureau, le palais immenfe du Duc de Medina-Celi, édifice fans goût. ⸺ Il n'y a point de fiacres à Madrid, mais des caroffes de remife à 8 ou 9 livres de France par jour, & des caleches traînées par un homme, à 20 fols, ou une *Piezzetta* par courfe. La province d'Aragon eft fertile & bien culti-

O ij

De ZARAGOÇA à MADRID.	Lieues.	Temps employé sur la route.	OBSERVATIONS LOCALES.
Route de cheval ou de mule.			
De ZARAGOÇA à la Muela }	4		Beau pays de montagnes, bien cultivé, & charmants paysages.
à la Venta de la Ramera	3		
à *la Almunia*	3		Pays riche & bien arrosé.
al *Frofno*	3		Pays fertile en vins, en bleds, en fruits & en oliviers.
à *Catalayud*	3		Catalayud est l'ancienne *Bilbilis*, patrie de Martial.
à Bubierca	3		
à Ariza	3		
à Arcos	3		D'Arcos à Siguenza, on voit Medina-Celi.
à Fuen-caliente	3		
à Siguenza	3		
à Torremocha	2		
à Almadrones	3		
à Grajanejos	2		
	38		

Pour la suite, voyez la route précédente.

NOMS DES VILLES.	REMARQUES.
	vée; les habitants vivent dans la plus grande simplicité & uniformité Ils sont fort laborieux, se levent de grand matin & travaillent incessamment tout le long du jour; mais aussitôt que le soleil est couché, hommes & femmes se rassemblent de tous côtés pour chanter & danser, avec une ardeur qui les feroit prendre pour autant de fous par un étranger qui les verroit dans le fort de leurs divertissements: & cette coutume est si générale en Espagne, que s'il étoit possible d'appercevoir d'un coup d'œil tout le royaume, au moment du crépuscule, vous verriez la plus grande partie de ses habitants se trémoussant vivement au son des guitarres, des voix, des castagnettes, sans excepter les vieillards & les enfants qui se mêlent parmi les danseurs, suivant qu'ils se sentent assez de force pour prendre part à la joie universelle.

De Bayonne à Madrid, par Zaragoça & Valencia.	Lieues.	Temps employé sur la route.	Observations locales.
De Bayonne à *St. Jean du Luz* }	4	4	Cette route de Bayonne à Pampelune est la plus mauvaise, & presque impraticable pour les voitures; le retour par Vittoria est préférable.
à Annoa	4	3	
à Maya	2	2	
			A la sortie de St. Jean de Luz, on entre dans les Pyrénées. Beaux vallons bien cultivés; vignes & vergers; & (dans les parties qui ne sont pas cultivées) beaucoup de bois.
à Berrueta	2	2	A Berrueta, mauvaise auberge; ce qui n'est que trop commun en Espagne.
à Lanz	2	6	
à *Ostiz*	2 }	4 30	Vallons cultivés, villages fréquents & bien bâtis, mauvais chemins.
à Pamplona	2 }		
			A Pamplona, on loge dans l'auberge qui est sur la grande Place.
à Tafalla	6	6 30	De Pamplona à Tafalla, beau chemin dans une vallée bien cultivée; on y voit des chênes verds, des vignes, des oliviers.

NOMS DES VILLES.	REMARQUES.
	Les hommes & les femmes de cette partie des Pyrénées, sont d'une proportion forte, bien faits, ont l'air sain, sont bien vêtus. A un quart de lieue d'Annoa, on trouve un ruisseau qui sert de limites aux deux Etats.
PAMPELUNE	Pampelune est située dans une grande vallée, ou plaine entourée de montagnes. Elle est bien fortifiée, mais un peu commandée par quelques unes des montagnes. Elle est assez grande, bien bâtie, & les rues sont alignées.
Tafalla	Petite ville murée avec des creneaux & des tours crenelées. A une demi-lieue de Tafalla, est une route de détour qui passe à Olité, & alonge un peu le chemin.

Suite de la route de BAYONNE à MADRID, par Zaragoça & Valencia.	Lieues.	Temps employé sur la route.	OBSERVATIONS LOCALES.
à Caporoso	4 }	6	A la sortie de Caparoso, commence le pays appellé la *Bardena*, absolument inculte, sur trois lieues de longueur & trente de largeur. On y voit cependant quelques troupeaux de moutons.
à Valtierra	3 ½ }		
à Tudela	3	3	A demi-lieue de Tudela, le pays est cultivé, il y a beaucoup d'oliviers; mais de là à Mallen, pays ingrat, point de culture.
à Mallen	4	3 45	Le Royaume de Navarre se termine a Mallen; de là à Saragosse, les chemins ne sont pas faits.
à Alagon	6	6	D'Alagon à Saragosse, plaine continuelle, vignes & oliviers.
à ZARAGOÇA	4	3 30	De Saragosse à la Muela, montagnes à droite & à gauche: de même jusqu'à Lechon & peu de culture.
à la Muela	6	6	
à Cariñena	3	3	
à Lechon	5	5 30	De là à Calamocha landes, pays aride; chemins difficiles & remplis de pierres.
à Calamocha	3	3	

NOMS DES VILLES.	REMARQUES.
Valtierra	Petite ville assez mal bâtie.
Tudela	Ville assez considérable, sur l'Ebre, contenant dix paroisses & neuf couvents. La tour de la cathédrale est de briques, & fort élevée. Le canal de Tudela, commencé sous Charles-Quint, n'est pas encore achevé.
SARAGOSSE	Pour cette ville, voyez la premiere route. Ici l'on trouve à louer des caleches à deux mules, pour Valence, à raison de 20 piastres. Il faut faire ici les provisions dans les grandes villes; on ne trouve rien dans les villages, on ne connoit point sur les routes d'Espagne l'usage du beurre & du lait; tout se fait à l'huile & au lard; point de légumes, excepté dans les grandes villes. En arrivant dans une ville ou dans un vil-

Suite de la route de BAYONNE à MADRID, par Zaragoça & Valencia.	Lieues.	Temps employé sur la route.	OBSERVATIONS LOCALES.
à Villafranca à Villarquemado à Torremocha	6	6	Pays cultivé, mais sans être de bonne production.
à Caudete	4	4	Plaine bordée dans l'éloignement par des montagnes à droite & à gauche.

NOMS DES VILLES.	REMARQUES.
	lage, on envoie un domestique au marché, chez le boulanger, &c. faire ses provisions; on ne fournit rien dans les auberges. Pour les lits que l'on y trouve, il n'y a que des muletiers qui puissent y coucher; en sorte que, pour peu que l'on ne soit pas accoutumé à cette maniere dure de voyager, il faut porter son lit, & avoir un domestique qui aille devant, acheter les provisions, & les accommoder.

suite de la route de Bayonne à Madrid, par Zaraçoça & Valencia	Lieues.	Temps	Observations locales.
De Caudete à Teruel à la Puebla del Val-verde	4	6	Pays ingrat & inculte; chemins presque impraticables & peu surs, par rapport aux voleurs.
à Sarion	3	3	
à las Barracas à Xerisa		8	A las Barracas, confins des Royaumes d'Aragon & de Valence. En approchant de Xerisa, vallons bien cultivés en vignes, mûriers, oliviers & bleds de Turquie.
à Segorbe	3	3	
à Murviedro	5	4	Pays mieux cultivé, petits vallons fertiles, mais toujours de mauvais chemins.
à Valencia	4	4	C'est ici le pays le plus fertile de l'Espagne, de 18 lieues de long sur 5 de large. On y recueille de la soie, du ris, de l'huile d'olive, du bled de Turquie, du chanvre, du piment. Dans la même année ou recueille les productions du froment, du bled de Turquie, des légumes, sans compter les mûriers & les fruits.
à Chiva	5	5	Chiva est un bourg…

NOMS DES VILLES.	REMARQUES.
Teruel	Ville avec un évêché de 40 mille piastres de revenu. Pas une vitre, même au palais épiscopal.
Valence	Ancienne ville, bien peuplée & floriſſante, dans une ſituation charmante, ſur la *Guadalaviar* ; on y compte près de 80,000 ames. L'égliſe cathédrale étoit autrefois une moſquée de Maures. On y remarque la maiſon de ville, le palais de la *Ciutta*, & celui de la Députation ; pluſieurs monuments d'antiquité Les rues y ſont fort étroites, il y a beaucoup de belles maiſons. Cependant la ville n'eſt pas auſſi belle qu'on pourroit l'attendre de la capitale de la province d'Eſpagne la plus fertile & la plus riche : il y a peu ou point de vitres aux fenêtres ; & celles qu'on y voit, ſont d'un aſſez vilain verre. Il fait cher vivre à Valence ; les denrées y ſont à un prix fort haut, pour une ville de Province. Le pain y va-

Suite de la route de BAYONNE à MADRID, par Zaragoça & Valencia.	Licues.	Temps employé sur la route.	OBSERVATIONS LOCALES.
			considérable ; de là à Siete-Aguas, route difficile ; on ne fait que monter & descendre par des chemins étroits, sinueux, pleins de rochers & de pierres roulantes ; le pays est inculte, & les montagnes arides.
à Siete-Aguas	6	6	De Siete-Aguas à Uriel, on entre en Castille. Le terrein y est plus uni, mais assez ingrat ; on trouve de beaux troupeaux dans les plaines.
à Uriel	5	5	On est deux heures à
à Villargordo	3	3	monter la montagne de
à Contreraz	2	2 30	Contreraz, & à la descendre, par des chemins difficiles & dangereux, sur le bord de précipices affreux & fréquents.
à la Motilla	6	7	Aux environs de la Motilla, beaucoup de safran.
à la Olmedilla	3	3 15	Belle plaine bien cultivée, entre la Olme-
à Almarcha	4	5	dilla & Almarcha. On
à Villar de Cañas	3	3 30	passe la riviere de Xucar sur un radeau. Toujours

NOMS DES VILLES.	REMARQUES.
	loit, en 1775, 4 fous tournois la livre, le bœuf 7 fous, le veau 8 fous, le mouton 10 fous, le vin ordinaire 5 fous; & le bois s'y vend un fol la livre.
	Entre Almarcha & Villar de Cañas, on n'eft qu'à 10 ou 12 lieues de Tobofo.

Suite de la route de BAYONNE à MADRID, par Zaragoça & Valencia.	Lieues.	Temps employé sur la route.	OBSERVATIONS LOCALES.
			une belle plaine jusqu'à Villar de Cañas.
à Saelices	4	5	Jusqu'à Saelices, plaine assez bien cultivée, où l'on ne voit cependant ni arbres ni baies ni buissons.
à Tarancon	3	4	Depuis Tarancon jusqu'à Nobleza, est une plaine bien cultivée; on voit quelques oliviers près de cette ville.
à Nobleza	7	7	
à Aranjuez	3	3	En approchant d'Aranjuez, on trouve le terrein le mieux cultivé & le plus montueux. Le *Tage* passe dans la vallée.
à Valdemoro	3	3	
à MADRID	4	4	Belle avenue d'ormes d'Aranjuez à Madrid. Bel aspect de Madrid, en arrivant de ce côté-ci.
	155 ½	172	

REMARQUES

NOMS DES VILLES.	REMARQUES.
ARANJUEZ	D'Aranjuez à Madrid, les 7 lieues sont marquées par des bornes de pierre, de demi-lieue en demi-lieue, chaque lieue de 4,200 toises. Aranjuez est une des principales maisons de plaisance du Roi d'Espagne, où il passe le printemps & le commencement de l'été. Le palais est un bâtiment quarré avec une cour au milieu ; l'escalier en est fort grand, mais mal construit. On y bâtissoit, en 1775, deux corps-de-logis qui se réunissoient à la façade. Ce château a moins de goût & moins d'effet que les châteaux de Chantilly & de Richelieu.

De MADRID à BAYONNE, par Valladolid & Burgos.	Lieues.	Temps employé sur la route.	OBSERVATIONS LOCALES.
De MADRID à l'Escurial }	7	7 30	Les sept lieues sont marquées par des bornes, de demi en demi-lieue. L'Escurial est situé presque à mi-côte, au bas d'une montagne fort élevée.
à S. Idelfonso	8 ½	10	S. Idelfonso est situé dans une vallée, entourée de très hautes montagnes, à l'abri des grandes chaleurs.
à Segovia à Sta. Maria de la Nieva }	2 5	8	De Sta. Maria à Olmedo, grande plaine, d'un sol ingrat, que l'on cultive avec soin ; on n'y voit pas un arbre.
à Olmedo à Valdestillas	7 5	7 4 30	A Olmedo, on rejoint la grande route que l'on a quittée au sortir de Madrid, pour voir l'Escurial & S. Idelfonso, ce qui fait faire dix lieues de plus.
VALLADOLID	4	4 30	Terrein ingrat, peu cultivé ; fond sablonneux. On y voit quelques pins.
à Dueñas à Torquemada à Villaodrigo	6 4 4	6 5 15 5	Tout ce pays est assez stérile, peu cultivé, nullement intéressant. Les habitants y paroiss-

NOMS DES VILLES.	REMARQUES.
L'ESCURIAL	On prend à Madrid une caleche à deux mules, à 3 piaftres par jour, pour aller en dix jours à Vittoria par l'Efcurial & S. Idelfonfo. Bâtiment immenfe qui a l'air d'un grand couvent, dans la forme d'un gril, par allufion au martyre de St. Laurent, le Saint du jour où Philippe II gagna la bataille de St. Quentin. Il y a dans le couvent qui joint le palais de l'Efcurial, 300 religieux Hieronymites. On voit de grandes richeffes, de beaux tableaux, de fuperbes plafonds dans l'églife ; une fuperbe bibliotheque.
S. IDELFONSO	Maifon de plaifance du Roi d'Efpagne, pour l'été, de peu d'apparence, mais remarquable par fes beaux jardins, où l'on voit un jet d'eau de 100 pieds de haut. Il y a une manufacture de glaces
SEGOVIE	Affez grande, avec un bel aqueduc, ouvrage de Trajan, & un grand château royal. Il s'y fabrique de beaux draps.
VALLADOLID	Grande ville, laide & mal bâtie, rues larges, finueufes, mal pavées ; ancien palais des Rois d'Efpagne, & une cathédrale peu dignes de curiofité.

De MADRID à BAYONNE, par Valladolid & Burgos.	Lieues.	Temps employé sur la route.	OBSERVATIONS LOCALES.
			misérables ; les chemins y sont mauvais.
à Quintanilleja	6	7 30	Le terrein commence à devenir meilleur & est mieux cultivé.
à BURGOS	2	2	Les environs de Burgos sont fort agréables & le sol y est assez fertile.
à Rodillas	4	5 30	Pays montueux & mauvais chemins jusqu'à Bribiesca.
à Bribiesca	3	4	En quittant la montagne de Bribiesca, on entre dans une vallée qui s'ouvre dans une plaine bien cultivée ; mais toujours de mauvais chemins.
à Pancorvo	4	5	En arrivant à Pancorvo, on rentre dans les montagnes.
à Miranda	4	4	Jusqu'à Miranda, on voyage dans une vallée dont on a réparé les chemins. Près de Miranda, on passe l'*Ebre* en bateau.
			Chemin neuf & bien fait de Miranda à Vittoria.
à VITTORIA	6	7	De Vittoria à Mon-

NOMS DES VILLES.	REMARQUES.
BURGOS	Grande & riche ville, capitale de la vieille Castille, partie sur le penchant de la montagne, & partie sur la riviere d'Alençon. On y voit quelques petites places irregulieres; les rues sont sales, étroites, mal pavées. La cathédrale est un assez beau vaisseau, environné de chapelles bien décorées.
VITTORIA	Jolie ville de la Biscaye, dans une belle plaine; elle fait un commerce considérable.

De MADRID à BAYONNE, par Valladolid & Burgos.	Lieues.	Temps employé sur la route.	OBSERVATIONS LOCALES.
à Mondragone	6	5	dragone, on commence à entrer dans les Pyrénées par une valiée fort étroite.
à Villafranca	6	5	
à Tolosa	3	2 30	Environs de Tolosa, pays bien cultivé ; vues pittoresques & agréables.
à Oyarzun	5	5 30	Grand chemin bien fait & bien entretenu.
à St. Jean de Luz	3 ¼	3	La riviere de *Bidaffoa* que l'on passe en bateau, fait les limites de la France & de l'Espagne. De cette riviere à St. Jean de Luz, le chemin est mauvais.
à BAYONNE	4	4	
	109	117 45	

NOMS DES VILLES.	REMARQUES.

DE BAYONNE à RONCESVALLES.	Lieues.	compté sur la route.	OBSERVATIONS LOCALES.
De BAYONNE à Mondionde	4	4	Belle entrée des Pyrénées, vues fuperbes, beaux bois de chênes & chataigniers.
à St. Jean-pied-de-port	4	5	Pays montueux, vallées bien cultivées.
à RONCESVALLES	4	6	A moitié chemin, on trouve la *Venta* de Oriza, au haut des montagnes.
	12	15	

NOMS DES VILLES.	REMARQUES.
S. Jean-pied-de port Ronaesvalles.	Capitale de la Baſſe-Navarre. Le village de Roncevaux eſt célebre par la défaite de l'arrière-garde de l'armée de Charlemagne, où fut tué le fameux Roland Il eſt ſitué au bas des montagnes. De la *Venta* de Oriſa, on découvre une vue magnifique de ces montagnes. Le chemin de Bayonne ici eſt dangereux pour les équipages. On met juſqu'à douze bœufs à une berline, & l'on court de grands riſques : il vaut mieux y aller à cheval, & encore mieux ſur des mulets.

VOYAGE DE LISBONE A MADRID.

De LISBONE à MADRID.	Lieues.	OBSERVATIONS LOCALES.
De LISBONE à Aldea-Gallega	3	Ces trois lieues se font par eau, en traversant le *Tage*.
à la Venta de los Pegoens	5	
a las Ventas-nuevas	3	
a las Ventas-Silveyras	2	On y passe un ruisseau.
à Montemor-nuevo, ou Montemor de las Manzanas	3	
à Arrayolos	3	On y passe un ruisseau.
à la Venta del Duque	3	Tout ce chemin, depuis Aldea-Gallega, est assez uni; pays peu peuplé; terrein sablonneu[x] ou incu[l]te, sauf autour des villages. Les pierres sont presqu[e] tout[es] de marbre.
à Estremoz		
a la Venta del Negro	2	
à ELVAS	5	
à une petite rivière	2	Cette rivière, qu'on passe à gué, sépare le Portugal de l'Espagne. Talavera est situé, à belle distance, près d'Elvas.
à BADAJOS	1	Chemin médiocre uni; terrein même fertile. On entre à Badajos par un pont de 27 arches sur la Guadiana.
à Talavera la real	3	Gros village.
à Lisbon	2	Village où il y a plus de maisons que de matériaux; la Guadiana passe au pied.
à MERIDA	2	On y passe par un pont qui est ancien, sur la Guadiana.

REMARQUES.

ALPHA-GALIDZA, [illegible] village [illegible] grand [illegible] peuple [illegible]

Dans toutes [illegible], de même dans celles [illegible], pas même [illegible] payer, comme il nous [illegible].

MONTU[illegible] on nous y [illegible] fondateur de [illegible].

[illegible] une maison royale pour [illegible].

E[illegible], [illegible] remarquable.

E[illegible]AS, [illegible].

[illegible]

[illegible]

[illegible]

[illegible] Empereur *Auguste* les Romains [illegible]. Il y a [illegible].

De Lisbone à Madrid.	Lieues.	Observations locales.
à Truxillanos	1	qui passe sous 7 ou 8 arches seulement.
à San-Pedro	1	
à Miajadas	5	Petite ville où il y a un fo[rt] morisque & ruiné.
alPuerto de Santa Cruz	3	Chemin affez uni depuis B[a]dajos ; à deux lieues après [le] Puerto de Santa Cruz, il commence à être fort raboteux.
à Truxillo	3	Chemin paffable, duran[t] trois lieues. A une lieue de Ja[-]rayzejo, on met pied à terre[,]
à Jarayzejo	4	on détele les mules ; des bœuf[s]
à las Casas del Puerto	2	defcendent les voitures par u[n] chemin roide & raboteux. O[n] passe la riviere *del Monte* fur u[n] pont de 9 arches, affez beau[,] mais étroit, & les bœufs hi[f]-fent les voitures au haut de la montagne : chemin inégal.
à la Venta-nueva	1	Une demi-lieue après la Ven[-]ta-nueva, on paffe le *Tage* fu[r]
à Almaraz	1	un affez beau pont, de deux belles arches ; on remonte, &
à Efpadanal	1	le mauvais chemin eft fini.
à Naval-moral	1	Naval-moral eft le premier village de la Nouvelle Caftille.
à Valparaifo	1	
à la Calçada de Oropefa	3	
à Torralva	2	Peu avant Torralva, nous vîmes, fur la droite, une efpece
à laVenta de Peralba-negas	2	de ville qui nous parut fortifiée ; c'étoit fans doute Oropefa.

REMARQUES.

restes d'architecture romaine. De plusieurs morceaux trouvés en terre, on en a élevé, vers l'est de la ville, une espece de colonne, surmontée d'une statue pédestre: quoique ces morceaux, tous antiques, n'aient point été faits pour être réunis, il en résulte cependant un tout qui n'est pas désagréable. Sur un morceau inférieur, qui forme comme le piedestal de la colonne, on lit *Concordia Augusti*; sur l'autre face, est une inscription à demi-effacée: je n'y ai pu déchiffrer autre chose, sinon que c'est dans le seizieme siecle que ces morceaux ont été réunis & placés comme ils sont à présent.

Truxillo, ville assez grande & assez bien bâtie; il y a de belles églises. C'est la patrie des *Pizarres*, conquérants du Pérou.

Jarayzejo, petite ville où l'on peut remarquer beaucoup de restes d'architecture gothique ou morisque; entre autres un vieux fort; mais tout cela est en ruines. Jarayzejo, par rapport à la population, n'est plus qu'un village.

Au sortir de Jarayzejo, le chemin est assez mauvais, durant une lieue & demie; il devient ensuite détestable. Il nous fallut mettre pied à terre: nous montions, nous descendions, nous étions tantôt au-dessus, tantôt au-dessous des nuages; nous éprouvions une bruine sensible, lorsque nous étions dans le nuage même: c'étoit un échappée de la *Sierra de Guadalupe* (chaîne de montagnes). Cette traverse fut de plus d'une lieue.

La Calçada de Oropesa est une espece de petite ville; nous y trouvâmes une auberge en forme, mais fort mauvaise: il n'y avoit pas même de lieu pour coucher, il fallut aller gîter ailleurs.

Talavera de la Reyna est une ville assez grande & assez peuplée; il y a plusieurs manufactures d'étoffes de soie, d'argent & d'or. Nous y avons vu des tireurs d'or, des faiseurs de

REMARQUES.

bas au métier, &c. plusieurs des François qui étoient employés à ces manufactures leur dessein, lesquelles d'empirer les marchandises en Sénégal, se réfugient en France, sont en prison depuis 18 mois; plusieurs ouvriers seroient partis, & les manufactures vergeroient.

Au reste, [illegible] Jacques de Cul[illegible], nous avons vu des églises [illegible] en [illegible] Médailles, [illegible] au haut du retable du grand autel est une statue de la Ste Vierge, de cire [illegible] magnifiquement parée. Nombre [illegible] bre [illegible] à ses pieds leurs [illegible], (& l'on nous a assuré que [illegible], qui est la plus belle image de la Ste Vierge, que l'on ait [illegible].

SUPPLÉMENT

SUPPLÉMENT

·

CONTENANT

PLUSIEURS NOUVELLES ROUTES.

Un grand Seigneur anglois, qui a beaucoup voyagé, & qui avoit un excellent *Odometre* à sa chaise, a pris avec soin les mesures suivantes, qu'il a eu la complaisance de me communiquer, pour les donner au Public. On y trouvera plusieurs routes qui ne sont point dans mon Itinéraire, mesurées en milles & huitiemes de mille : on auroit pu les donner en moindres fractions, mais cela auroit été inutile ; & il m'a semblé que c'étoit porter assez loin la précision, que de marquer les distances, à cent toises près, sur sept ou huit milles.

De CALAIS à PARIS, par AMIENS.	Postes.		Distance en milles anglois & 8es. de mille.		Temps en route.	
			mill.	8es.	heur.	min.
De CALAIS à Hautbuisson	1	1/2	8	2	1	28
à Marquise	1		5	4	1	5
à Boulogne	1	1/4	8	2	1	18
à Samers	2		9	1	1	55
à Cormont	1		5	1		45
à Montreuil	1	3/4	7	6	1	30
à Nampont	1	3/4	3	3	1	20
à Pernay	1		5	5	1	6
à Nouvion	1		5			50
à Abbeville	1	3/4	8	3	1	35
à Ailly-le haut-clocher	1	3/4	7	5	1	15
à Flixcourt	1		6	2	1	5
à Pequigny	1		6	2	1	
à AMIENS	1		7	6	1	30
à Hebecourt	1		6	1		50
à Flers	1		5	4		55
à Breteuil	1	3/4	7	6	1	15
à Wavigny	1	3/4	6	4	1	
à St. Just	1		4	5		59
à Clermont	2		9	5	1	25
à Lingueville	1		6			50
à Chantilly	1	3/4	8	1	1	30
à Luzarche	1	3/4	6	3		50
à Ecouen	1		7	1	1	30
à St. Denis	1		6		1	
à PARIS	1		5			55
	54		178		30	45

De PARIS à TOURS.	Postes.	Distance en milles anglois & 8es. de mille.		Temps en route.	
		mill.	8es.	heur.	min.
De PARIS à la Croix de Berny	1 ½	4	6		52
à Longjumeau	1 ½	4	4		55
à Arpajon	1	7	3	1	7
à Etrechy	1	7	2	1	10
à *Estampes*	1	4	5		35
à Montdesir	1	5	4		43
à Angerville	1	5	4		52
à *Toury*	1 ½	8	4	1	50
à Artenay	1	8	1	1	16
à Cercottes	1	6	3	1	25
à ORLÉANS	1	5	6	1	10
à Clery	2	9	3	1	20
à Lailly	1	4	4		27
à St. Laurent	1	4	6		47
à Nouant	1	3			25
à St. Diey	1	3	5		30
à BLOIS	2	9	7	1	45
à Chouzy	1 ½	5	7	1	20
à Veuves	1	7			40
au Haut-chantier	1	3	6		40
à *Amboise*	1	4	2		50
à la Frilliere	1	7	3		55
à TOURS	1 ½	7	2	1	
	30	138	6	22	34

De Tours à Poitiers.	Postes.		Distance en milles anglois & 8es de mille.		Temps en route.	
			mill.	8es.	heur.	min.
De Tours aux Carrès	1	½	5	2		55
à *Montbason*	1		3	4		27
à Sorigny	1		4			31
à Ste Catherine	1		3	6		30
à *Ste. Maure*	1		4	6		45
à Beauvais	1		4			35
aux *Ormes*	1		5			45
à Ingrande	1	½	7	3	1	5
à *Chatelleraut*	1		4	6		47
aux Barres de Nintré	1		4	2		35
à la Tricherie	1		3	4		23
à Clan	1		4	7		25
au Grand-Pont	1	}	7	1		55
à Poitiers	1					
	15		62	1	8	38

De POITIERS à BOURDEAUX.	Postes.		Distance en milles anglois & 8es de mille.		Temps en route.	
			mill.	8es.	heur.	min.
De POITIERS à Croutelles	1		4	2		35
à Ruffigny	}					
à Vivonne	2		7	2	1	15
aux Minieres	1	½	5	2		40
à Coué	1		4	6		37
à Chaunay	1		6	5	1	10
aux Maisons-blanches	1		4	7		40
à Ruffec	1	½	7	7	1	10
aux Negres	1		3	5		40
à Manfle	1	½	6	5		57
à Touriers	1		5	4		45
à Churet	1		3	1		30
à ANGOULÊME	2		7	2	1	5
à Roulet	1	½	6	2		55
à Petignac	1		5	1		45
à Pontabrac	1	}	8		1	3
à Barbezieux	1					
à Reignac	1	½	4	2		40
à la Grolle	1	½	4	5	1	10
à Chévanceau	1	½	4	2		40
à Montlieu	1		4	1		40
à Cherzac	1		4	2		40
à Pierrebrune	1		3	6	1	
à Cavignac	1		4			50
à Bois-Martin	1		4	6		40
à Cubfac	1		5	2		55
au Carbon-blanc	1		5	1	1	
à BOURDEAUX	1	½	5	5	1	15
	33		1,6	3	22	22

De Bourdeaux à Bareges.	Postes.		Distance en milles anglois & 8es. de mille.		Tems en route.	
			mill.	8es.	heur.	min.
De BOURDEAUX à Bouscaut	1	½	7		1	40
à la Prade	1		4			55
à Castres	1		3	5		40
à Birlade	1		3	7		45
à Barsac	1		4	6	1	10
à Langon	1		5	3		55
à *la Réole*	1		10	7	1	50
à la Motte	1		12		1	45
à Marmande	1					
à Tonneins	2		7	4	1	30
à Aiguillon	1	½	7	1	1	25
à Port-Ste.-Marie	1		6	1	1	45
à Lusignan	1		6	5	1	20
à AGEN	1		5	5		40
à Leirac	1		5	3	1	20
à Tambouret	1	½	6	6	1	20
à Leitoure	2		7	5	1	35
à Montastrue	2		10	7	1	47
à AUCH	2		11	1	1	45
à Birnau	1	½	9		1	28
à Mirande	1		7	4	1	5
à Mieslan	1	½½	8		1	20
à Rabasteins	1	½½½	9		1	18
à *Tarbes*	2		11	5	2	
à Lourdes	2		12		1	40
à Pierrefitte	2	½	12		1	45
à BAREGES	3		12	1	2	
	39	½	207	4	36	43

D'Auch à Toulouse, & de Toulouse à Montpellier.	Postes.		Distance en milles anglois & 8es. de mil'e.		Temps en route.	
			mill.	8es.	heur.	min.
D'Auch à Aubierre	2		10	7	2	
à Gimont	1		4	1		45
à l'Isle-Jourdain	2		11	4	2	5
à l'Eguevin	1	½	8	2	1	40
à Toulouse	2		11	3	2	15
	8	½	46	1	8	45
De Toulouse à Castanet	1	½	6	5	1	7
à Bassiege	1	½	7	4	1	14
à Villefranche	1		6	4	1	6
à la Bastide	1	½	7	7	1	30
à Castelnaudari	1		7		1	
à Alzone	2	½	12	4	2	20
à Carcaffonne	2		10	3	2	
à Barbeyrac	1	½	8	6	1	50
à Mons	1		7	1	1	9
à Cruscades	2		8	6	1	43
à Narbonne	2		8	4.	2	10
à Niffan	2		11	1	1	50
à Beziers	1		6		1	
à la Bégude de Jordy	1	½	8	2	1	45
à Pézenas	1		6	3	1	5
à Villemagne	1	½	8	5	1	35
à Loupian	1		6		1	17
à Fabregues	2		7	5	2	5
à Montpellier	1	½	6	3		38
	29	½	151	7	28	24

De Montpellier à Avignon, & d'Avignon à Lyon.	Postes.		Distance en milles anglois & 8es. de mille.		Temps en route.	
			mill.	8es.	heur.	min.
De MONTPELLIER à Colombiere	1	½	8	5	1	35
à *Lunel*	1		6	3	1	40
à Uchault	1	½	8	1	1	50
à NISMES	1	½	7	3	1	10
à St. Gervasy	1		6	2	1	7
à Remoulins	1		6	2	1	5
à AVIGNON	3		16	6	4	30
	10	½	59	6	12	57
D'AVIGNON à *Orange*	3	½	17		4	45
à la Palu	3		14	1	2	20
à Pierrelatte	1		8		1	50
à Donzerre	1		8	1	1	55
à Montelimart	2		8	6	2	30
à l'Aine	1	½	6	6		50
à l'Oriol	1	½	7	4	1	40
à la Paillasse	1	½	6	4	1	35
à *Valence*	1	½	6	4	1	5
à Tain	2		11	2	2	45
à St. Vallier	1	½	8	4	1	20
à St. Rambert	1	½	7	5	1	19
au Péage de Roussillon	1	½	7	1	1	45
à Auberive	1		4	2	1	
à *Vienne*	2		8	4	1	50
à St. Saphorin d'Ozon	1	½	5	2	1	
à S. Fond	1		5	1	2	
à LYON	1		4	4	1	19
	29	½	145	3	30	48

De LYON à GENEVE, & de GENEVE à BASLE.	Postes.		Distance en milles anglois & 8es. de mille.		Temps en route.	
			mill.	8es.	heur.	min.
De LYON à Mirebel	I	½	9		2	
à Montluel	I		5	4		50
à Meximieux	I	½	7	6	I	10
à St. Denys	I	1 ½	7	I	I	20
à St. Jean-le-Vieux	I		5	7	I	15
à Cerdon	I	1 ½	8	2	I	30
à St. Martin	I	1 ½	7	3	3	
à Nantua	I		4	4		30
à St. Germain	I	½	7	7	I	10
à *Chatillon*	I		4	5	I	5
à Avanchy	I	1 ½	7	2	I	50
à Coulonges	I	1 ½	6	6	I	50
à St. Genis	2		9	3	3	3
à GENEVE	I		7	I	I	2
	19		98	3	21	35
	Lieues.					
De GENEVE à *Rolles*	3	½	20	I	5	5
à *Lausanne*	3		16	I	4	45
à *Moudon*	2	½	14	7	4	40
à Paliere	2		13	6	2	55
à *Morat*	2	½	11	5	2	30
à BERNE	3		16	7	3	4
à *Soleure*	3		21		6	
à Balstel	2		12	4	5	30
à Lichstal	3		15	6	4	50
à BASLE	2		10	2	3	50
	26	½	152	7	43	9

De Basle à Schaffhausen, & de Schaffhausen à Kempten.	Lieues.		Distance en milles anglois & des. de mille		Temps en route.	
			mill.	des.	h:ur.	min
De Basle à Stein			17	6	5	30
à Brugg			14	2	3	50
à *Baden*	1		6	2	2	30
à Zurigg			14	3	4	10
à Eglisaw			15	7	4	30
à Schaffhausen	2		11		6	
			79	4	26	30
	Postes.					
De Schaffhausen	2		12		4	
à Luganyan						
à *Stockach*	2		11	7	4	30
à Dissendorf	1	½	10	1	5	10
à Altorf	2		14	3	4	50
à Diernast	1		7	1	3	20
à Weingarten	1		8	5	3	
à Bergatreut	1		6	4	4	10
à Leitkirch	2		14	3	6	
à Kumerhoffen	1	½	12	2	4	10
à Kempten	1		7	4	2	10
	15		104	6	42	

De KEMPTEN à TRENTE.	Postes.	Distance en milles anglois & 8es. de mille.		Temps en route.	
		mill.	8es.	heur.	min.
De KEMPTEN à Kempterwald	1	7	7	1	30
à Weisbach	1	9	1	2	30
à Fuesen	1	12	7	3	40
à Heiterwang	1	8		2	10
à Lermes	1	7	7	2	
à Nazareth	1	10	2	3	
à Barwis	1	8	2	2	25
à Ditstenback	1	11	2	2	50
à INSPRUCK	1	8	4	2	30
à Schamberg	1	7	2	3	30
à Steinack	1	8	1	2	
à Brenner	1	6	5	2	5
à Sterzingen	1	9	5	2	50
à Mittwald	1	9	7	2	33
à Brixen	1	7	7	2	30
à Colman	1	11	1	2	20
à Teutschen	1	6	3	2	15
à Bautzen	1	7	6	2	50
à Brandsol	1	8		2	
à Naimarck	1	7	2	1	30
à S. Michel	1	11	7	2	15
à TRENT	1	11	4	2	
	22	197	2	53	13

De TRENTE à VENISE.	Postes.	Distance en milles anglois & 8es. de mille.		Temps en route.	
		mill.	8es.	heur.	min.
De TRENT à Roveredo	1	14	7	3	
à Ala	1	10	3	2	20
	2	25	2	5	20
D'Ala à Peri	1	11		1	44
à Volarni	1	9	1	2	20
à *Verona*	1	12	7	2	50
à Caldiero	1	8	6	2	
à Montebello	1 ½	12		1	50
à *Vicenza*	1	10	6	1	50
à la Slefega	1	10	7	1	40
à PADUA	1	10		1	50
al Dolo	1 ½	5		1	30
à Fufina	1 ½½	11	2	1	28
à VENEZIA	1	11		1	
	15 ½	112	5	20	2
De Bonporto à MODENA	1	8	7	2	15
à Samogia	1 ½½	12	4	2	20
à BOLOGNA	1 ½	10	6	2	
	4	32	1	6	35

De BOLOGNE à LORETE.	Postes.		Distance en milles anglois & 8es. de mille.		Temps en route.	
			mill.	8es.	heur.	min.
De BOLOGNA à S. Nicolò	1	$\frac{1}{4}$	9	2	1	34
à *Imola*	1	$\frac{1}{4}$	11		2	10
à Faenza	1		9	4	1	40
à Forli	1		9	4	1	20
à Cesena	1	$\frac{1}{2}$	11	7	2	25
à Savignano	1		8	3	1	55
à *Rimini*	1		9	5	1	42
à la Catolica	1		11	7	2	15
à *Pesaro*	1		10		3	21
à *Fano*	1		7	4	1	24
à la Marotta	1		7	5	2	
à *Sinigaglia*	1		5	7	2	5
à Casebruggiate	1		7	4	1	15
à *Ancona*	1		8	7	3	
à Camerano	1		6	6	2	35
à LORETO	1		8	1	2	30
	17		143	2	34	11

De Loreto à Rome.	Postes.	Distance en milles anglois & 8es. de mille.		Temps en route.	
		mill.	8es.	heur.	min
De Loreto à Sambuchetto	1	10	3	2	37
à Macerata	1	6	3	2	25
à Tolentino	1 ½	11	1	3	
à Valcimara	1	8	1	3	
al Ponte della Trava	1	7	4	1	45
à Serravalle	1	7	3	2	12
alle Casenuove	1	9	5	2	30
à *Foligno*	1	9		3	30
à le Vene	1	8	7	2	
à *Spoleto*	1	7	4	1	45
à Stretttura	1	9	2	2	40
à *Terni*	1	7	7	1	45
à *Narni*	1	8	3	1	40
à Otricoli	1	8	6	2	
à Borghetto	1 ¾	6	3	1	10
à Civita-Castellana		6	1	1	
à Rignano	1	7	4		
à Castelnuovo	1	6			
à Malborghetto	¾	5			
à Prima Porta		4	4		
à ROMA	1	6			
	21	161	5		
De Foligno à Madonna degli Angeli	1	9	5	2	5
à *Perugia*	1	11	1	2	25
à Torricello	1	13		2	56
à Pieve-Confini	1	9		2	10
	4	42	6	9	36
De Madonna degli Angeli à *Foligno*, par *Assisi*	1	11	7	9	35

De ROMA à NAPLES.	Postes.	Distance en milles anglois & 8es. de mille.		Temps en route.	
		mill.	8es.	heur.	min.
De ROMA à Torre-di-mezza-via	1	8	2	1	25
à Marino	1	6	2	1	15
à la Faiola		4	6	1	10
à *Veletri*		5	2	1	12
à Cisterna	1	9	6	1	30
à Sermoneta	1	5	6		50
à le Casenuove	1	8	6	1	40
à Piperno	1	5		1	18
à Maruti	1	7		1	45
à *Terracina*	1	7	3	1	30
à Fondi	1 ½	8	6	2	10
à Itri	1	7	4	1	18
à *Mola di Gaeta*	1	4	4		
al Garigliano	1	8	1	1	15
à S. Agata	1	9	2	1	25
à Francolisi	1	9	7	1	25
à *Capua*	1	8	6	1	22
à Aversa	1	22	5	2	
à NAPOLI	1	21	4	1	25
	19	152			
De NAPOLI à *Caserta*		19	1	2	40
à *Capua*		6	7		
		26			
De ROMA à *Civita-vecchia*		44	1	3	

De ROME à FLORENCE.	Postes.		Distance en milles anglois & ses. de mille.		Temps en route.	
			mill.	ses.	heur.	min
De ROME à la Storta	1		9	1	1	15
à Baccano	1		8	4	1	45
à Monterosi	1		6	3	1	20
à Ronciglione	1		9		1	45
à la Montagna di Viterbo	1		6	6	3	45
à *Viterbo*		¼	5	1	1	20
à Montefiascone	1		10		2	5
à Bolsena	1		8	3	1	43
à S. Lorenzo		¾	4	7	1	20
à *Aquapendente*		¼	6	1	2	
à Ponte-Centino	1		5		1	
à Radicofani	1	½	8	5	2	35
à Ricorsi	1		5	6	1	20
à la Scala	1		4	4	1	35
à Tornieri	1		9		1	50
à Buonconvento	1		5	5	1	2
à Montarone	1		7	3	1	20
à SIENA	1		8	6	1	55
à Castiglioncello	1		10	1	1	30
à Poggibonzi	1		6	4	1	18
alle Tavernelle	1		7	3	2	2
à S. Cassiano	1		8	2	2	4
à FIRENZE	1	½	9	7	2	28
	23	¼	171		40	17

De FLORENCE à LERICÉ, & de LERICÉ à GENES.	Postes.		Distance en milles anglois & 8es. de mille.		Temps en route.	
			mill.	8es.	heur.	min.
De FIRENZE à Prato	2		9	4	2	5
à Piſtoia	1	½	9	2	2	10
à Borgo-bugiano	2		10	5	2	
à *Lucca*	1	½	12	7	2	40
à PISA	2		14	6	2	40
à Livorno	2		14	2	2	30
à Torretta	1		5	6	1	34
à Viareggio	1		8	2	2	5
à Pietra-Santa	1		6	6	1	10
à *Maſſa*	1		7	7	2	20
à Lavenza	1		4	4	1	
à Leſano	1		6	6	1	45
à *Lerice*	1		4	4		
	18		115	5	23	52
De *Lerice* à la Specia, *par eau.*			7			
à Seſtri			30			
à Portofino			10			
à Nervi			13			
à GENOA			7			
			67			

R

De Gènes à Parme, & de Parme à Milan.	Postes.	Distance en milles anglois & 8es. de mille.		Temps en route.	
		mill.	8es.	heur.	min.
De GENOA à Campo-Marone	1 $\frac{1}{2}$	10	6	2	
à Voltaggio	2	12	2	2	15
à *Novi*	2	11	5	2	15
à Tortona	2	11	2	4	30
à Voghera	1	10	1	1	18
à PAVIA		19	3	4	18
à Caselpi-Stalingo		25	3	5	40
à *Piacenza*	2	9	7	2	25
à Fiorenzuola	2	14	3	2	10
à Borgoan-S.-Donino	1	8	2	1	40
à Castel-Guelfo	1	7	4	1	15
à PARMA	1	7	3	1	55
		148	1	31	41
De PARMA à Casal-maggiore		15		4	
à S. Pietro-Medicale		15	2	6	40
à la Pieve di S. Giacomo		5	7	1	40
à *Cremona*		8	4	2	15
à Pizzighitone		13	4	2	30
à Zorlesco		10	2	1	30
à *Lodi*		9	2	1	40
à Marignano		10		1	35
à MILAN		10	2	2	5
		97	7	23	55
De MILAN à Varese		32		5	
à Lavena		14		3	30
à *Como*		16	6	5	20
à MILAN		28	5	6	40
		91	1	20	30

De MILAN à VÉRONE, & de VÉRONE à PADOUE.	Postes.		Distance en milles anglois & 8es. de mille.		Temps en route.	
			mill.	8es.	heur.	min.
De MILAN à Colombarolo	1	½	10	6	1	50
à Vaprio, *ou* la Canonica	1		9	7	1	10
à *Bergamo*	1	½	11	3	2	3
à Cavernago	1		8	3	1	15
à Palazzuolo	1		6			50
à l'Ospitaletto	1	½	9	7	2	
à *Brescia*	1		7	7	1	40
al Ponte di S. Marco	1	½	9	6	1	18
à Desenzano	1		6	3	1	20
à Peschiera	} 1	½	{ 7	1	} 2	5
à Castel-nuovo			4	2		
à VERONA	1	½	11	5	1	35
	14		103		17	6
De VERONA à Villa-franca			10	4	} 3	35
à Roverbella			7	2		
à Mantua			6	3	1	35
à Castellaro			9	7	1	48
à Sanguinetto			9	3	2	45
à Bevilaqua			15		4	15
à *Este*			13	6	2	35
à Monselice			5	5		50
à PADUA			12	7	4	15
			90	5	21	38

De Venise à Trente, & de Trente à Inspruck.	Postes.	Distance en milles anglois & 8es. de mille.		Tems en route.	
		mill.	8es.	heur.	min.
De Venise à Mestre		7		1	30
à Treviso	1 ½	13	1	2	20
à Castel-Franco	1 ½	16	7	2	55
à Bassano	1 ½	13		2	50
à Primolano	2	18	6	6	30
al Borgo di Valsugaro	2	15	4	4	
à Pergine	1 ½	14	5	4	
à Trento	1 ½	7	5	2	50
		106	4	26	55
De Trento à S. Michel	1	10	2	1	55
à Naimarck	1	12		2	2
à Brandsol	1	7	1	1	40
à Bolzano	1	7	5	1	38
à Teutschen	1	8	3	1	46
à Colman	1	6	3	1	40
à *Brixen*	1	11		2	30
à Mittwald	1	8	1	1	45
à Sterzingen	1	10	2	1	48
à Brenner	1	9	5	2	40
à Steinack	1	7	1	1	15
à Schoemberg	1	8	1	1	48
à Inspruck	1	7	2	2	10
	13	113	2	14	37

D'Inspruck à Augsbourg, & d'Augsbourg à Nuremberg.	Postes.		Distance en milles anglois & 8es. de mille.		Temps en route.	
			mill.	8es.	heur.	min.
D'Inspruck à Diflinbach	1		10	2	1	57
à Payerwis	1		11	2	3	
à Nazareith	1		8	2	2	5
à Lermes	1		10	7	3	5
à Heiderwang	1		8	1	2	15
à Fueffen	1		13		3	45
à Staten	1		13	4	3	20
à Kaufbeyren	1		12	3	2	35
à Buckloch	1		15	5	3	2
à Schwabmuchen	1		11	1	2	26
à Augsbourg	1	½	15	4	3	2
	11	½	129	7	30	32
D'Augsbourg à Meitingen	1	½	14		2	20
à Donawert	1	½	13	2	2	23½
à Monheim	1		10	7	2	26
à Dietfurt	1		8	5	1	29
à Pleinfeld	1		12	5	2	45
à Roth	1		12	2	4	3
à Schwabatch	1		7	3	1	46
à Nuremberg	1		9	7	1	30
	9		88	7	18	42

De Nuremberg à Hailbron, de Hailbron à Manheim, & de Manheim à Francfort.	Postes.	Distance en milles anglois & 8es. de mille.		Temps en route.	
		mill.	8es.	heur.	min.
De Nuremberg à Farnbach	1	7	6	1	50
à Langanzen	1	6	2	1	35
à Oberzen	1 ½	17	3	5	30
à Rottenbourg	1	17	4	3	40
à Kirchburg	1 ½	17	7	4	
à *Hall*	1 ½	14	6	3	33
à Obringen	1 ½	17	2	6	3
à *Hailbron*	1 ½	14	7	3	58
	10 ½	113	5	30	9
De Hailbron à Fuhrsield	1	9	4	1	50
à Sintzen	1	10		2	5
à Wieseloch	1	9	7	2	10
à *Heidelberg*	1	9		1	38
à Manheim	1	9	4	2	15
	5	47	7	10	8
De Manheim à Worms	1	13	4	2	40
à Oppenheim	1	15	4	2	45
à Mayence	1	12		2	15
à Edersheim	1	11	4	2	7
à Francfort	1	13	6	2	10
	5	63	2	12	17

De FRANCFORT à COLOGNE, de COLOGNE à BOISLEDUC, & de DIEPPE à ABBEVILLE.	Postes.		Distance en milles anglois & 8es. de mille.		Temps en route.	
			mill.	8es.	heur.	min.
De FRANCFORT à Koenigstein	1		11	7	2	58
à Wirges	1	$\frac{1}{2}$	12	5	3	45
à *Limburg*	1	$\frac{1}{2}$	13	4	3	30
à Montebauer	1	$\frac{1}{2}$	13	3	3	17
à Coblentz	1	$\frac{1}{2}$	12	3	3	8
à Andernaught	1		13	6	3	
à Remangen	1	$\frac{1}{2}$	13	1	3	25
à Bonn	1		13	2	2	40
à COLOGNE	1	$\frac{1}{2}$	16	3	3	37
	12		120	2	29	20
De COLOGNE à Berghen	1		14	4	3	30
à Linnig	1	$\frac{1}{2}$	23	7	4	23
à Gangeld	1		15	5	3	42
à *Maestrick*	1	$\frac{1}{2}$	21		4	58
à Bree	3	$\frac{1}{2}$	23	5	5	42
à Achelen	1	$\frac{1}{2}$	10	2	3	5
à Eyndhoven	2		13	5		
à *Boisleduc*	3		17	3	5	45
	15		139	7		
De DIEPPE à la ville d'Eu	3	$\frac{1}{2}$	13	4	5	37
à Tressenville			9	1	2	8
à *Abbeville*			13	4	5	37
			36	1	13	22

R iv

D'Abbeville à Reims.	Postes.		Distance en milles anglois & 8es. de mille.		Temps en route.	
			mill.	8es.	heur.	min.
D'Abbeville à Ailly-le-haut-clocher	1	½	8		1	20
à Flixcourt	1		6	3	1	21
à Pequigny	1		5		1	24
à Amiens	1	½½	8	1	1	45
à Moreuil	2	½½	12	5	2	20
à Montdidier	2		10	1	1	45.
à Cuvilly	2		9	3	2	10
à Mouchy	1	½	6	6	1	52
à Compiegne	1		5			52
à Jaulzy	2	½½	11	6	2	12
à Soissons	2	½½	11	1	1	52
à Braine	2		11	6	1	41
à Fismes	1	½			1	22
à Jonchery	1					59
à Reims	2				1	59
	25	½			24	54

De Reims à Strasbourg.	Postes.		Distance en milles anglois & 8es de mille.		Temps en route.	
			mill.	8es.	heur.	min.
De Reims aux Petites-Loges }	2	½			2	20
à *Châlons*	2	½			2	
à la Chauffée	2				2	10
à Vitry-le-françois	2				1	28
à Farremont	1					57
à Pertes	1					42
à *St Dizier*	1					35
à Sauldrupt	1	½			1	20
à *Bar-le-Duc*	1	½			1	34
à Ligny	1	½			1	22
à St. Aubin	1				1	18
à Void	1	½			1	20
à Layes	1				1	4
à *Toul*	1				1	11
à Vélaine	1	½			1	7
à Nancy	1	½			1	15
à Domballe	1				1	50
à *Lunéville*	1	½			1	45
à Benaménil	1				1	30
à Blamont	2				1	38
à Heming	2				1	46
à Sarrebourg	1					53
à Hommartin	1					48
à Phalsbourg	1					53
à Saverne	1	½			1	22
à Wiltheim	2				2	3
à Stisleim	1				1	9
à Strasbourg	1	½			1	15
	41	½			38	33

De STRASBOURG à AUGSBOURG.	Postes.	Distance en milles anglois & 8es. de mille.		Temps en route.	
		mill.	8es.	heur.	min.
De STRASBOURG à Kehl	1	9	1		
à Bischofsheim	1	8	4	1	41
à Stolhoffen	1	10	5	1	59
à Rastatt	1	11	4	3	4
à Etlinghen	1	10	1	1	58
à Durlach	1	5	3	1	13
à Pfortzheim	1 ½	14	6	3	8
à Entzweingen	1 ½	15	1	4	30
à Canstadt	1 ½	14		3	30
à Blockinghen	1 ½	14		2	40
à Goeppinghen	1	12	2	3	36
à Geislinghen	1	12	1	2	50
à Westerstenten	1	12	5	3	40
à Ulm	1	10	4	3	45
à Guntsburg	1 ½	15		3	35
à Sumerhausen	1 ½	14	3		
à AUGSBOURG	1 ½	16	3	4	35
	20 ½	206	3		

De Kempten à Basle, & de Basle à Befort.	Postes.		Distance en milles anglois & 8es. de mille.		Temps en route.	
			mill.	8es.	heur.	min.
De Kempten à Eicholz			1			
à Menninghen	3	½	11	3	3	10
à Ochsenhausen			15	1	3	7
à Bibrach	1		8	7	3	
à Waldsee			14	1	2	45
à Mimenhausen			9	2	6	
à *Stochach*			17	4	3	50
à Ergen	1		13	4	4	
à Schaffhausen	1	½	12	6	4	
à Lauckingen	1	½	18	5	4	55
à Lauffenbourg	1	½	16	2	4	
à Mumph	1		7	5	1	50
à Basle			17	3	4	10
			163	3	44	47
De Basle à St. Louis	1		2	4		30
à Altkirck	3		9	4	2	
à Lavanes	2		11	4	2	25
à Befort	1	½	9	3	2	5
	7	½	32	7	7	

De Beffort à Langres, & de Langres à St. Dizier.	Postes.		Distance en milles anglois & 8es. de mille.		Temps en route.	
			mill.	8es.	heur.	min
De Beffort à Frayet	1		5	7	1	5
à Rongchamp	1	½	6	4	1	20
à Lure	1		7	6	1	25
à Calmoutier	2		11	3	2	40
à *Vesoul*	1	½	9	5	1	30
à Port-sur-Saône	1	½	7	6	1	50
à Combeau	1	½	7	5	2	10
à Saintrey	1	½	7	4	1	26
au Fay-Billot	1	½	5	6	2	5
aux Griffonottes	1	¼	7	3	1	45
à Langres	1	½	8	1	1	55
	15	¼	85	2	19	11
De Langres à Vesaigne	2		10	7	2	15
à Chaumont	2		10	4	2	15
à Vignoris	2		13		3	
à Joinville	2	½	14	1	3	45
à la Neuvillle	2		10	2	1	30
à *St. Dizier*	2		10		2	5
			68	6	14	50

ISLES BRITANNIQUES, PAYS BAS et PROVINCES UNIES, ALLEMAGNE SUISSE, FRANCE, ITALIE, ESPAGNE, PORTUGAL
Pour l'Itinéraire de Mr. DUTENS par le Sr. DE LA ROCHETTE 1783
MER DU NORD
ou
MER D'ALLEMAGNE
MER BALTIQUE
MER D'IRLANDE
LA MANCHE
BAIE DE BISCAYE
GOLFE DE GASCOGNE
GOLFE DE VENISE
Golfe de Lion
MER MEDITERRANEE

De Reims à Mardick.	Postes.		Distance en milles anglois & 8es. de mille.		Temps en route.	
			mill.	8es.	heur.	min.
De Reims à Bery-au-bac	2		14	5	3	5
à Corbeny	1		5	6		40
à *Laon*	2	1/2	14	3	2	40
à Creci	1	1/2	9	4	1	45
à la Herie	1	1/2	10	1	2	6
à Guife	1		5	6	1	4
à Etreux	1	1/2	6	2	1	30
à Landrecie	2		11		1	55
au Quefnoy	1	1/2	9	3	1	45
à St. Waft	1	1/2	10	2	1	6
à *Mons*	1	1/2	15	3	3	15
à Cafteau	2		6	4	1	2
à Tubife	1	1/2	6	5	1	12
à Bruxelles	2	1/2	14		3	30
à *Malines*	2	1/2	15	5	1	52
à Anvers	2	1/2	15	3	2	30
à *Mardick*			39	3	10	15
			209	7	41	12

F I N.

E R R A T A.

PAG. 2 , colon. des Lieux : *Duncaster* , lisez *Doncaster*.

Pag. 7 , lign. 15 des Remarques, mettez un point après ces mots : *les ca-*
zernes ; & supprimez ceux ci : la cathédrale.

Pag. 16, colon. des Postes, (De S. Denis à Paris) rétablissez 1 ; ce chiffre
ayant été enlevé par les balles pendant le tirage.

Pag. 69 dans les Remarques, lign. 15 & 17 : *Poverino* , lisez *Poerino.*

Pag. 110, colon. des Lieux : *Rigano* , lisez *Rignano*

Pag. 116 , colon. des Lieux : *Borgo-buggiano* , lisez *Borgo-bulgiano.*

Pag. 214, colon. des Lieux : *S. Jean du Luz* , lisez *de Luz.*

Pag. 254, (route de Madonna-degli-Angeli à Foligno, par Assisi) à la colon.
du *Temps en route*, effacez 9 (heur.) 35 (min.) , & lisez 5 (heur.)

Ajoutez à la Table, (pag. xxxij) après la route de *Basle à Manheim &*
Francfort , les deux routes suivantes : *De Florence à Pise* , pag. 100 ; *L*
.Parme à Mantoue , ibid.

APPROBATION.

J'ai lu, par ordre de Monseigneur le Garde des Sceaux, cet Ouvrage, dans lequel je n'ai rien trouvé qui puisse en empêcher l'impression. A Paris, ce 13 Mai 1782.

ROBERT DE HESSELM.

PRIVILEGE GÉNÉRAL.

LOUIS, par la grace de Dieu, Roi de France & de Navarre: A nos amés & féaux Conseillers, les Gens tenans nos Cours de Parlement, Maîtres des Requêtes ordinaires de notre Hôtel, Grand-Conseil, Prévôt de Paris, Baillifs, Sénéchaux, leurs Lieutenants Civils & autres nos Justiciers qu'il appartiendra: SALUT. Notre amé le sieur * * * * Nous a fait exposer qu'il desireroit faire imprimer & donner au Public *l'Itinéraire des routes les plus fréquentées, ou Journal d'un voyage aux Villes principales de l'Europe*, s'il nous plaisoit lui accorder nos Lettres de Privilege à ce nécessaires. A CES CAUSES, voulant favorablement traiter l'Exposant, nous lui avons permis & permettons de faire imprimer ledit Ouvrage autant de fois que bon lui semblera, & de le vendre, faire vendre par tout notre Royaume. Voulons qu'il jouisse de l'effet du présent Privilege, pour lui & ses hoirs à perpétuité, pourvu qu'il ne le rétrocéde à personne : & si cependant il jugeoit à propos d'en faire une cession, l'Acte qui la contiendra sera enrégistré en la Chambre Syndicale de Paris, à peine de nullité, tant du présent Privilege que de la cession ; & alors par le fait seul de la cession enrégistrée, la durée du présent Privilege sera réduite à celle de la vie de l'Exposant, ou à celle de dix années, à compter de ce jour, si l'Exposant décéde avant l'expiration desdites dix années. Le tout conformément aux articles IV & V de l'Arrêt du Conseil du 30 Août 1777, portant Réglement sur la durée des Privileges en Librairie. Faisons défenses à tous Imprimeurs, Libraires & autres personnes de quelque qualité & condition qu'elles soient, d'en introduire d'impression étrangere dans aucun lieu de notre obéissance ; comme aussi d'imprimer ou faire imprimer, vendre, faire vendre, débiter ni contrefaire lesdits Ouvrages, sous quelque prétexte que ce puisse être, sans la permission expresse & par écrit dudit Exposant, ou de celui qui le représentera, à peine de saisie & de confiscation des Exemplaires contrefaits, de six mille livres d'amende, qui ne pourra être modérée pour la premiere fois, de pareille amende & de déchéance d'état en cas de récidive, & de tous dépens, dommages & intérêts, conformément à l'Arrêt du Conseil du 30 Août 1777, concernant les Contrefaçons. A la charge que ces Présentes seront enrégistrées tout au long sur le Registre de la Communauté des Imprimeurs &

Libraires de Paris, dans trois mois de la date d'icelles ; que l'impression
dudit Ouvrage sera faite dans notre Royaume & non ailleurs, en beau
papier & beaux caractères, conformément aux Réglements de la Librairie, à
peine de déchéance du présent Privilege : qu'avant de l'exposer en vente,
le Manuscrit qui aura servi de copie à l'impression dudit Ouvrage, sera remis
dans le même état où l'Approbation y aura été donnée, ès mains de notre très
cher & féal Chevalier Garde des Sceaux de France le sieur HUE DE MIRO-
MENIL, Commandeur de nos Ordres ; & qu'il en sera ensuite remis deux
Exemplaires dans notre Bibliotheque publique, un dans celle de notre Château
du Louvre, & un dans celle de Notre très cher & féal Chevalier Chancelier
de France, le sieur DE MAUPEOU, & un dans celle dudit sieur HUE DE
MIROMENIL ; le tout à peine de nullité des Présentes : du contenu desquelles
vous mandons & enjoignons de faire jouir ledit Exposant & ses hoirs, plei-
nement & paisiblement, sans souffrir qu'il leur soit fait aucun trouble ou
empêchement. Voulons que la copie des Présentes, qui sera imprimée tout
au long au commencement ou à la fin dudit Ouvrage, soit tenue pour
duement signifiée, & qu'aux copies collationnées par l'un de nos aînés &
féaux Conseillers-Secrétaires, foi soit ajoutée comme à l'Original. Comman-
dons au premier notre Huissier ou Sergent sur ce requis, de faire pour l'exécu-
tion d'icelles, tous actes requis & nécessaires, sans demander autre permission, & nonobstant Clameur de Haro, Charte Normande & Lettres à ce
contraires. Car tel est notre plaisir. Donné à Paris, le quatrieme jour du mois
de Septembre, l'an de grace mil sept cent quatre-vingt-deux, & de notre
regne le neuvieme. Par le Roi en son Conseil.

Signé, LE BEGUE.

*Registré sur le Registre XXI de la Chambre Royale & Syndicale
des Libraires & Imprimeurs de Paris, N°. 2691, Fol°. 783, conformément aux dispositions énoncées au présent privilege : & à la charge de
remettre à ladite Chambre huit Exemplaires, prescrits par l'article CVIII
du Réglement de 1723. A Paris, ce 12 Novembre 1782.*

Signé, LE CLERC, *Syndic.*